KB185229

데일 카네기 100일 필사

# DALE CARNEGIE
## 100 DAYS
## TRANSCRIPTION

*How to Win Friends & Influence People*

*How to Stop Worrying and Start Living*

*Public Speaking and*

*Influencing Men in Business*

---

**OFFICIAL CERTIFIED BOOK OF**

**DALE CARNEGIE KOREA**

# CONTENTS

## 1장 가치관
## 인생은 자신이 생각하는 만큼 성공한다

## 2장 걱정 극복
## 마음속 불안을 몰아내는 생각들

## 3장 열정
## 절실한 마음은 현실이 된다

# 4장 인간관계
## 타인을 위하는 것이 자신을 위하는 것이다

## 5장 리더십
## 먼저 진심을 다해야 상대도 비로소 따른다

# 6장 사랑과 행복
## 세계로 눈을 돌려라, 그곳에 행복이 있다

# 데일 카네기가 한국 사회에 불러일으킨 반향을
# 일선에서 바라보며

1960년대, 세계에서 가장 못사는 나라 중의 하나였던 대한민국은 잘 먹고 잘사는 일이 무엇보다도 중요했다. 그래서 모두가 "잘살아 보자"라고 외치면서 열심히 일했다. 베트남 전쟁터에서, 사막의 중동에서, 알래스카에서 목숨을 걸고 일을 했다. "빨리빨리" "잘살아 보자"를 외치면서 전속력으로 달렸다. 위험한 고비를 잘 넘기기도 했지만 '쾅' 소리와 함께 곳곳에서 사고가 발생했다. "일, 일" 하다 보니 사람이 안 보이고 사람이 다쳤다. 인간관계가 깨지고 건강이 상했다. "성공, 성공" 하면서 일하다 보니 숨이 찼다. 목까지 숨이 차니 목숨이 위태로워졌다. 자살률, 저출산율, 이혼율이 각각 세계 1위인 나라가 되었다.

일을 제대로 하기 위해서는 사람을 보살피는 일이 무엇보다 중요하다는 사실을 깨달았다. 빨리 가는 것도 중요하지만, 천천히 지속적으로 가지 않으면 빨리 갈 수 없음을 온몸으로 느꼈다. 이러한 인간 경영의 중요성을 데일 카네기가 한국 사회에 일깨워 줬다. 사람 문제를 풀면 행복해지고 건강해지고 일도 풀린다는 사실을 깨닫도록 도와주었다.

## 데일 카네기를 한국에 정식으로 처음 소개하기까지

나는 사회생활을 하면서 사람들의 인생을 변화시키는 여러 가지 요인이 무엇인지 연구했다. 성공하는 사람들을 관찰한 결과 스스로를 동기부여시킨다는 공통점을 발견했다. 동기부여를 체계적으로 연구하기 위해서 1990년 6월 성공전략연구소를 설립했다.

성공과 행복에 대한 강의를 하며 바쁘게 생활하던 어느 날 직장인 영어클럽 '파운틴'에서 친하게 지내던 미 공군 중령 존 올슨에게 미국 데일카네기연구소를 소개받았다. '데일카네기트레이닝'이라는 말을 듣는 순간 '이것은 내 사명이다'라고 느꼈다. 데일 카네기 책들은 평소 읽고 또 읽으며 강의 교재로도 사용했기 때문이다.

미국 데일카네기연구소에 전화를 걸고 팩스와 편지를 보냈지만 답이 없었다. 미국에 방문하겠다는 메시지를 남기고 씩씩하게 미국으로 날아갔다. 겨우 데일 카네기의 사위인 올리버 사장과 면담할 기회를 얻었다. 시간은 단 5분이었다. 그날 나는 올리버 사장과 4시간을 함께 보냈다. 이것이 데일 카네기와 함께한 35년의 시작이 된 첫 만남이었다.

**데일 카네기의 가르침이 바꾸어놓은 삶**

한국인 최초로 데일카네기트레이닝 마스터가 되면서, 데일 카네기는 일생을 열정적으로 산 사람이었다는 것을 미국 현장에서 온몸으로 느낄 수 있었다. 데일 카네기는 언제나 "열정적으로 행동하면 열정적인 사람이 된다"라고 말했다. 그 덕분에 수많은 사람이 자신의 숨겨진 능력을 깨닫고 자신감을 얻었으며 열정을 더해서 인생을 의미 있고 행복하게 살게 되었다.

데일 카네기가 수차례 강조하며 중요시했던 원칙들은 나에게도 분명한 비전과 사명을 가슴속에 품게 해줬다. 데일 카네기의 문장을 곱씹으며 매일매일 긍정적인 태도를 가지고 열정적으로 살아가게 되었다. 그중에서도 읽으면 읽을수록 가슴속에 감동을 주는 명언만을 엄선하여 이번 책에 실었다. 한 편의 시가 한 사람의 인생에 영향을 주듯 한 줄의 명언이 가슴 속에 남아 영원히 빛을 발한다. 나아가 한 권의 책이 한 사람의 인생을 바꾸는 계기가 된다.


**왜 지금 데일 카네기를 읽어야 하는가?**

1936년《데일 카네기 인간관계론》이 출간된 이후 한 세기 가까이 지난 오늘날까지도 데일 카네기가 집필한 여러 저서는 전 세계에서 널리 읽고 있다. 지금 우리가 데일 카네기를 읽어야 하는 이유는 무엇인가? 많은 이의 주요 관심사인 사람을 사귀고 인간관계에서 자신의 영향력을 높이는 방법을 당장 실천할 수 있는 명쾌한 법칙으로 제시하기 때문이다.

인간은 여럿이 함께 살아가는 존재이므로 나 홀로 성공을 이룰 수 없다. 업무에서 성장하고, 사업을 성공적으로 이끌며, 일상에서 행복을 누리는 것까지 효과적인 소통으로 원만한 대인관계가 이루어져야 가능하다. 그렇기에 사람들은 좋은 인간관계를 위해서 책을 읽고 교육을 받는다. 데일 카네기는 이러한 인간 욕구의 핵심만 짚어내어 인간관계를 비롯한 성공을 효과적으로 쟁취하는 방법을 전한다. 데일 카네기의 저술이 시대를 초월하여 자기계발의 고전이 된 이유다.

## 한 권으로 데일 카네기의 모든 것을 익혀라

《데일 카네기 인간관계론》을 비롯하여 《데일 카네기 자기관리론》《데일 카네기 성공대화론》총 3권의 대표작에서 뽑아낸 데일 카네기의 정수가 이 책 단 한 권에 오롯이 담겨 있다. 문장 속에 담겨 있는 데일 카네기의 지혜를 좀 더 잘 이해할 수 있도록 장마다 내가 평생 연구한 해설을 압축해 실었다. 이 책을 따라가면서 데일 카네기의 교훈을 익히고 자신의 삶에서 실천해 보자.

성공을 향해 나아가는 자기 삶의 가치관을 정립하는 것부터 시작한다. 사람은 스스로 그리는 자신의 상, 즉 자아상보다 더 나은 삶을 살 수는 없다. 자아상은 자신감과 열정이 생기면 바뀌기 시작한다. 자신감과 열정은 자신의 생각을 타인에게 전달하는 훈련을 통해서 효과적으로 증진시킬 수 있다. 이것이《데일 카네기 성공대화론》의 핵심이다.

자기 자신에 대해서 비난, 비판, 불평하지 않게 되면 타인에 대해서도 비난, 비판, 불평을 그만두게 된다. 자신을 솔직하고 진지하게 칭찬하고 인정하면 타인의 장점이 눈에 들어온다. 그러면 타인에게도 솔직하고 진지하게 칭찬하고 인정할 수 있다. 인간관계가 원만하게 풀리면 행복을 느끼고 일하는 즐거움을 느낀다. 이는《데일 카네기 인간관계론》의 정수다.

목표를 향해서 열정적으로 행동하다 보면 때로는 어려움에 직면한다. 일을 하는 사람에게 스트레스가 생기는 것은 너무나 당연한 일이다. 스트레스를 해소해야 할 문제가 아니라, '스트렝스strength' 즉, 힘이라고 생각해 보자. 인생에서 어려움이 생길 때마다 걸림돌이 아니라 디딤돌로 생각하는 것이다. "힘을 쓰면 힘이 생긴다" "스트레스는 스트렝스다"라고 되새겨 보자.

마지막으로《데일 카네기 자기관리론》의 요체를 알려드렸다. 데일 카네기의 교훈을 하나씩 자신의 삶에 새기다 보면 데일 카네기가 한 세기 동안 바꿔놓은 1억 명의 삶처럼 성공과 행복에 더욱 가까워져 있을 것이다.

2025년 1월
데일카네기코리아 최염순 대표

# 100 DAYS HABIT TRACKER

100일 해빗 트래커에 필사한 날의 날짜를 적어보자.
표시할 때마다 하루씩 쌓이는 성취감을 느낄 수 있다.

| 1 | 2 | 3 | 4 | 5 | 6 | 7 | 8 | 9 | 10 |
|---|---|---|---|---|---|---|---|---|---|
| / | / | / | / | / | / | / | / | / | / |
| 11 | 12 | 13 | 14 | 15 | 16 | 17 | 18 | 19 | 20 |
| / | / | / | / | / | / | / | / | / | / |
| 21 | 22 | 23 | 24 | 25 | 26 | 27 | 28 | 29 | 30 |
| / | / | / | / | / | / | / | / | / | / |
| 31 | 32 | 33 | 34 | 35 | 36 | 37 | 38 | 39 | 40 |
| / | / | / | / | / | / | / | / | / | / |
| 41 | 42 | 43 | 44 | 45 | 46 | 47 | 48 | 49 | 50 |
| / | / | / | / | / | / | / | / | / | / |
| 51 | 52 | 53 | 54 | 55 | 56 | 57 | 58 | 59 | 60 |
| / | / | / | / | / | / | / | / | / | / |
| 61 | 62 | 63 | 64 | 65 | 66 | 67 | 68 | 69 | 70 |
| / | / | / | / | / | / | / | / | / | / |
| 71 | 72 | 73 | 74 | 75 | 76 | 77 | 78 | 79 | 80 |
| / | / | / | / | / | / | / | / | / | / |
| 81 | 82 | 83 | 84 | 85 | 86 | 87 | 88 | 89 | 90 |
| / | / | / | / | / | / | / | / | / | / |
| 91 | 92 | 93 | 94 | 95 | 96 | 97 | 98 | 99 | 100 |
| / | / | / | / | / | / | / | / | / | / |

# 데일 카네기의 독서법

---✦✦✦✦✦---

책의 중요한 내용에는 밑줄을 그으며 읽어라. 그러면 책을 더 재미있게 읽을 수 있고, 다음에 다시 읽을 때 훨씬 더 빨리 읽을 수 있다.

특히 와닿는 문장이 있다면 거기에 밑줄을 그어도 좋다. 그 문장을 따로 한 번 더 옮겨 적으면 더 오래 마음에 남는다. 책을 다시 펼쳐 볼 때도 먼저 눈에 들어오고, 더 빠르게 내 삶에 스며들 수 있을 것이다.

책에서 이익을 얻고 싶으면 한 번 읽고 넘기지 마라. 다 읽은 뒤에도 매달 몇 시간을 들여 다시 읽어라. 책상 위에 책을 놓아두고 자주 들춰 보아라. 꾸준히 다시 보고 적용하는 것이 내 습관이 되는 유일한 방법이다. 기억이 나지 않는다면 앞의 내용을 다시 읽어보며 떠올려 보아라.

책에 나온 여러 원칙을 실천해서 좋은 결과가 있었을 때 기록하라. 이름과 날짜, 결과를 구체적으로 적어두면 더 좋다. 앞으로 더 많은 노력을 할 때 자극이 되기 때문이다. 몇 년이 지나 어느 날 저녁, 우연히 이 책을 다시 펼쳐 봤을 때 자신의 변화를 돌아보는 순간을 떠올려 보아라.

# 이 책을 제대로 활용하는 방법

—◇◇◇◇—

이 책 또한 데일 카네기의 독서법에 따라 자유롭게 활용할 수 있다. 본문을 읽다가 와닿은 문장에 밑줄을 그어도 좋다. 원하는 내용을 골라 한두 문장만 옮겨 적어도 괜찮다. 중요한 것은 책을 읽고 필사하는 데 그치지 않고 실천하는 것이다. 행동으로 옮겼을 때 데일 카네기의 통찰이 비로소 내 삶에 스며들기 때문이다.

깨달은 것이 있다면 Idea Note에 자유롭게 적어보아라. 글을 읽으면서 떠오른 것, 옮겨 적으면서 느낀 점을 기록해라.

Action Note에는 내 삶에서 어떻게 실천하면 좋을지 생각나는 대로 적어보아라. 일상생활 중에 읽은 내용이 떠오른 순간이나, 책의 내용을 직접 따라 해본 경험을 구체적으로 남겨라. 어떤 상황이었는지, 누구를 어떻게 대했는지 상세히 기록할수록 좋다.

각 장이 끝날 때마다 데일 카네기의 원칙을 따른 사람들의 일화를 실었다. 일화들을 보면서 인생이 어떻게 변화되는지 같이 체감할 수 있길 바란다.

100일 해빗 트래커(본문 15쪽)에 필사한 날마다 날짜를 적으며 기록을 남겨라. 사소한 행동이지만 표시하는 행위만으로도 성취감이 든다. 이러한 보상받은 느낌이 모여서 성공 습관이 만들어진다.

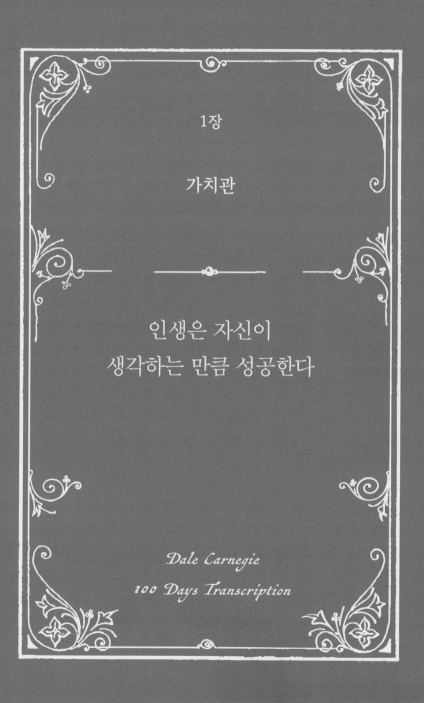

1장

가치관

인생은 자신이
생각하는 만큼 성공한다

*Dale Carnegie*
*100 Days Transcription*

*How to Win Friends & Influence People*

*How to Stop Worrying and Start Living*

*Public Speaking and Influencing Men in Business*

데일 카네기를 성공으로 이끈, 그의 인생을 관통한 가치관은 무엇인가? 데일 카네기는 항상 생각의 중요성을 강조했다. 그는 윌리엄 제임스 교수의 말을 인용하여 우리는 자신의 신체적, 정신적 자원의 극히 일부만을 사용한다고 했다. 우리의 내면에는 무한한 능력이 잠들어 있으니 그 능력을 개발하고 사용해야 한다는 것이다.

데일 카네기는 "행동이 감정에 따르는 것 같지만 실제로 행동과 감정은 병행한다. 우리는 행동을 통해서 우리의 감정을 간접적으로 조정할 수 있다"라고 말하면서 자신의 행동을 바꾸어 감정을 조절하곤 했다. 미소를 짓고 콧노래를 부르면서 행복한 것처럼 행동하면 실제로 행복해진다는 것이다.

"열정적으로 행동하면 열정적이게 된다." 내 삶을 바꿔놓은 데일 카네기의 한마디다. 인생을 살면서 항상 열정적으로 살려고 노력한다. 열정은 분명한 비전과 사명을 갖고 하루하루 충실히 사는 것이다. 쓰러졌을 때도 툭툭 털고 일어나 묵묵히 비전과 사명을 달성하기 위해 나아가는 것이다.

# 성공은 실패를 디딤돌로 밟고
# 건너가는 것이다

성공한 사람이란 실패에서 많은 것을 배워서, 새롭게 연구해 낸
방법으로 또다시 문제에 뛰어드는 사람을 말한다.

실패로부터 성공을 발전시켜라. 낙담과 실패는 성공으로 가는
가장 확실한 두 개의 디딤돌이다.

Idea Note

Action Note

# 운명이 우리에게 레몬을 주었다면
# 레몬주스를 만들어라

인생이 레몬을 주면 어리석은 자는 팽개치고 자포자기한다. 그러나 현명한 사람은 레몬을 받으면, 스스로 이렇게 자문한다.

이 불행에서 어떤 교훈을 배우고 어떻게 개선할 것인가?

어떻게 하면 이 레몬을 레몬주스로 만들 수 있는가?

마음먹기에 따라 부정적인 생각이 긍정적으로 바뀐다. 긍정적인 생각은 창조적인 에너지를 발산한다. 사라져 버린 과거에 얽매여 고민할 시간과 마음이 없어진다.

운명이 우리에게 시디신 레몬을 주었을 때 레몬주스를 만들도록 하자.

Idea Note

Action Note

# 인생은 내 생각의 소산이다

인생은 그 사람의 생각의 소산이다.
– 마르쿠스 아우렐리우스

이 말은 오늘날에도 진리다. 감사하는 것에 대해 스스로에게 말하면 힘이 솟아나 쾌활한 생각으로 가슴이 벅차오른다.

일에 관심을 기울이며 긍정적인 면을 생각해 보라. 자신은 어떤 점에 흥미를 느끼는지 관찰하라. 우리는 깨어 있는 시간의 반은 일을 하면서 보낸다. 만일 일에서 행복을 찾을 수 없다면 어디에서도 행복을 찾지 못할 것이다.

설령 일에서 행복을 찾지 못하더라도 그 노력만으로 피로를 감소시켜 더 많은 여가를 즐길 수 있다.

Idea Note

Action Note

## 004

# 행복하려고 결심한 만큼 행복해진다

대부분의 사람은 행복해지려고 결심한 만큼 행복해진다.
인간은 자신이 행복하려고 스스로 결심하는 만큼만
행복할 수 있다.

– 에이브러햄 링컨

행복은 내부에서 오는 것이지 외부에서 오는 것이 아니다. 건강과 용기에 관한 긍정적인 생각만으로 한 사람의 생명을 구할 수 있음에도 어째서 사소한 우울과 좌절로 괴로워하는가? 쾌활하게 행동함으로써 행복을 가져올 수 있는데도 어째서 자신뿐만 아니라 주위 사람을 불행하게 만드는가?

Idea Note

Action Note

# 올바른 생각을 선택하라

당신이 생각하는 현재의 모습이 아니라 당신이 바라는 모습이 바로 당신의 진정한 모습이다.

생각 그 자체가 바로 자기 자신이다.

– 노먼 빈센트 필

당신이 무엇을 생각하는지 안다면 당신 자신을 아는 것이다. 즉 우리의 생각이 우리를 만든다. 우리가 다뤄야 할 가장 중요한 문제는 올바른 생각을 선택하는 일이다. 올바른 생각을 선택하는 데 성공한다면 모든 문제를 해결하는 길이 열린다.

Idea Note

Action Note

# 가장 좋은 면을 찾아내는 것이
# 가장 큰 자산이다

무슨 일이든 가장 좋은 면을 찾아내는 습관은 1년에 수천 파운드를 버는 것보다 훨씬 값어치 있다.

– 새뮤얼 존슨

우리는 백만장자의 재산 못지않게 우리가 가진 재물에 주의를 기울여 온종일 '명랑 의사'의 서비스를 공짜로 받을 수 있다. 두 눈을 10억 달러에 팔 것인가? 그 두 다리를 무엇과 바꿀 것인가? 가족은? 친구들은? 자신의 전 재산을 집계해 보라. 그러면 록펠러, 헨리 포드 등의 재산 전부를 받는다고 해도 가진 것을 팔 생각이 없음을 알게 될 것이다.

Idea Note

Action Note

# 007

# 인생이라는 오케스트라를 연주하라

나는 이 세상에서 유일한 사람이다. 그 사실에 기뻐하라. 자연이 나에게 준 것을 최대한으로 활용하라. 나는 나만의 것을 노래할 수 있고 그릴 수 있다. 나는 경험, 환경, 유전에 따라 만들어진 유일한 존재다. 좋든 싫든 나의 작은 정원을 스스로 가꾸어야 한다. 원하든 원치 않든 인생이라는 오케스트라에서 나의 악기를 연주해야만 한다.

Idea Note

Action Note

# 없는 것만 생각하는 것은
# 지상 최대의 비극이다

우리는 이미 가진 것에 대해서는 좀처럼 생각지 않고 언제나 없는 것만 생각한다.

– 쇼펜하우어

가진 것에 대해서는 조금밖에 생각하지 않고 없는 것만 생각하는 경향은 지상 최대의 비극이다. 역사상 있었던 온갖 전쟁과 질병 이상으로 인간을 불행하게 만들었다고 말할 수 있을 정도다. 내가 가진 것이 무엇인지 돌아보는 시간을 의식적으로 챙겨보라.

Date    .    .

Idea Note

Action Note

# 009

# 나의 능력은 절반만 깨어 있다

우리의 가능성에 비하면 우리는 절반만 깨어 있다. 육체적, 정신적 능력의 일부만 사용하고 있을 뿐이다. 인간은 자기 능력의 한계에 훨씬 못 미치는 삶을 살고 있다. 무한한 능력이 있는데 습관적으로 이를 사용하지 못하고 있다.

– 윌리엄 제임스

자아를 발견하지 못한 사람은 자기 잠재력의 10퍼센트밖에 발휘하지 못하고 있는 것이다. 내면의 숨겨진 보물을 깨달을 수만 있다면, 누구나 자기 자신을 변화시킬 수 있다. 우리는 무한한 능력을 가지고 있음을 기억하고 도전하는 데 주저하지 마라.

Idea Note

Action Note

# 비난은 집비둘기처럼 돌아온다

비난이란 집비둘기와 같다. 집비둘기는 언제나 자기 집으로 돌
아온다. 비록 상대를 바로잡아 주려는 의도였을지라도, 비난
을 들은 상대방은 방어적인 자세를 취하려 안간힘을 쓰게 된다.
우리가 상대방을 공격한다면, 그는 자신을 정당화하고자 오히
려 우리를 비난할 것이다.

Idea Note

Action Note

# 011

# 정신 상태가 운명을 결정한다

우리가 즐겁다고 생각한다면 즐거울 것이고, 불행하다고 생각한다면 불행할 것이다. 무섭다고 생각한다면 무서워질 것이며, 아프다고 생각한다면 병에 걸릴 것이다. 실패할 것 같다고 생각한다면 확실히 실패할 것이다.

우리가 자기 연민에 빠진다면, 사람들은 모두 우리를 피하고 멀리할 것이다.

Idea Note

Action Note

# 성공의 유일한 비결은
# 상대의 입장에서 보는 것이다

성공의 유일한 비결은 다른 사람의 생각을 이해하고, 당신의 입장과 아울러 상대의 입장에서 대상을 볼 줄 아는 능력이다.
– 헨리 포드

이 세상은 자기 일만 생각하는 이기적인 사람들로 가득 차 있다. 그래서 이기적인 마음을 버리고 다른 사람을 위해 살려는 소수의 사람에게는 이루 말할 수 없이 많은 기회가 따른다. 그런 사람에게는 경쟁 상대가 없다.

Idea Note

Action Note

# 013

# 기만하지 말고 서로의 이익을 위하라

다른 사람의 시선에서 바라보며 그 사람으로 하여금 어떤 대상에 욕구가 생기게 만들어라. 이때 그 사람을 기만해서 그에게는 해가 되고 내게만 이익이 되는 일이어서는 안 된다. 양쪽 모두 협상을 통해 서로 이익을 얻어야 한다.

Idea Note

Action Note

# 전 세계를 내 편으로 만들 수 있는
# 사람이 되어라

먼저 다른 사람의 마음에 열렬한 욕구를 불러일으켜라. 이것을 할 수 있는 사람은 전 세계를 자기편으로 만들 수 있고, 그렇지 못한 사람은 외로운 길을 걷는다.

– 해리 A. 오버스트리트(심리학자, 교수)

나의 모든 행동은 나 자신이 무엇인가를 원했기 때문에 한 것이다. 다른 사람도 나와 똑같다. 어떻게 하면 상대가 이 일을 하도록 만들지 알고 싶은가? 내가 관심 있는 일 말고 상대가 원하는 바를 이룰 수 있는 일을 말하라.

Idea Note

Action Note

015

# 미소는 호의를 전달하는 심부름꾼이다

당신의 미소는 인상을 찌푸리며 외면하는 얼굴을 보아온 사람들에게 마치 구름 속을 뚫고 나오는 햇빛과도 같다. 특히 직장상사나 고객, 선생님, 부모님 그리고 자녀에게 시달리고 있는 사람들에게 미소란 이 세상에는 절망적인 것만 있는 것이 아니라 기쁨도 있다는 사실을 깨닫게 해준다.

당신의 미소는 호의를 전달하는 심부름꾼이다. 또 이를 마주하는 이들의 인생도 빛나게 해준다.

Date    .    .

Idea Note

Action Note

# 016

# 자기 일만 생각하는 것은
# 교양 없는 행동이다

자기 일만 생각하는 사람은 교양 없는 사람이다. 가령 어느 정도
교육을 받았더라도 교양 없는 사람이다.
– 니컬러스 버틀러

만일 사람들이 당신을 피해 다니고 등 뒤에서 비웃고 경멸하게
만들 방법을 알고 싶다면, 이렇게 하라.
누구의 말이든 절대로 오래 듣지 말고, 쉴 새 없이 자기 일을 떠
들어대라. 다른 사람이 이야기하는 동안 좋은 생각이 떠오르면
그 사람의 말이 끝나기를 기다릴 필요도 없다. 남이 말을 하거
나 말거나 중단시키고 자기 말을 하면 된다.

Idea Note

Action Note

# 진정으로 옳다고 믿는 것을 좇아라

진정으로 그것이 옳다는 사실을 스스로 알고 있다면 남이 하는 말 따위는 신경 쓰지 않게 된다.

– 엘리너 루스벨트(프랭클린 루스벨트 대통령 영부인)

자신의 마음속에서 올바르다고 믿는 일을 행하라. 모두에게 완벽하게 인정받기란 불가능하다. 어느 한쪽의 비평을 모면하고 반감을 무마하려 애쓸수록 다른 쪽에서 적이 늘어날 뿐이다. 부당한 비평에 마음 쓰지 말고 자신이 최선이라 생각하는 것을 실행하라.

Idea Note

Action Note

# 018

# 나는 나 이외의 존재가 될 수 없다

세익스피어와 같은 책을 쓸 수는 없을지라도, 나는 나의 책을 쓸
수는 있다.
– 월터 롤리(시인, 옥스퍼드대학교 영문학 교수)

나는 어차피 나 이외의 존재가 될 수 없다. 결점이나 한계를 염
려할 필요가 없다. 다른 사람의 장점이나 특기를 흉내 내기를
포기하고 새로운 각오로 처음부터 자신만의 능력을 키우는 데
정진하라.

Idea Note

Action Note

# 나는 이렇게 열등감을 극복했다

엘머 토머스 (미국 상원의원)

열다섯 살의 나는 많은 고민과 두려움, 지나친 자아의식 때문에 괴로워하고 있었다. 나이에 비해 키가 컸고 전봇대처럼 야위었다. 허약한 체질이라 야구나 뜀뛰기를 하면 꼭 다른 친구들에게 뒤처졌다. 그래서 사람을 만나기가 무척 싫었다.

만일 일생을 번민과 두려움으로 괴로워만 했다면 나는 인생의 낙오자로 전락했을 것이다. 내 인생의 진정한 분기점이자 고민과 열등감과의 투쟁에서 거둔 최초의 승리는, 인디애나주 배인브리지에서 개최된 퍼트남 카운티 축제일에 일어났다.

어머니는 내게 웅변대회에 나가보라고 하셨다. 나는 어림없는 일이라고 생각했다. 대중 앞에서는 고사하고 한 사람을 상대할 때도 벌벌 떨었다. 그러나 어머니가 보내주신 가슴이 아플 정도의 큰 신뢰에 힘을 얻어 대회에 나가기로 결심했다. 대담하게도 '미국의 학예에 대해서'라는 주제를 택했다. 솔직히 웅변을 준비하면서도 학예가 무엇인지 전혀 몰랐지만 그것은 문제가 되지 않았다. 청중도 모르기는 마찬가지였기 때문이다. 나는 미사여구를 늘어놓아 연설 초고를 만들고, 나무나 소를 상대로 몇 번씩 연습했다. 어머니를 기쁘게 해드리겠다는 일념으로 열심히 연습한 결과 웅변대회에서 1등을 할 수 있었다.

지방신문은 나에 대한 기사를 1면에 게재했고, 장래에 기대를 걸 만한 젊은이라는 내용의 논설도 실었다. 덕분에 일약 유명 인사가 되었다. 무엇보다도 중요한 것은 스스로에 대한 믿음이 생겼다는 점이다. 만일 그때 대회에서 입상하지 못했더라면 아마 미국 상원의원이 되지 못했을 것이다. 왜냐하면 그때의 입상으로 말미암아 시야가 넓어지고 내 안에 잠재력이 있다는 사실을 비로소 깨달았기 때문이다.

1896년 대통령 선거 당시 나는 19세였는데, 그 나이에 찬조 연설을 28회나 했다. 이후 여러 대회에 입상했고 1900년에는 대학연보 〈더 미라지〉와 대학신문 〈더 팔라디엄〉의 주필이 되었다. 브라이언 의원의 열띤 연설을 계기로 정계에 투신하기로 결심한 후 오클라호마주 상원의원으로 13년, 미국 연방정부 하원의원으로 4년간 역임했다. 50세에는 그토록 바라던 미국 연방정부 상원의원에 선출되었다.

이상은 내가 거둔 성공을 자랑하려는 이야기가 아니다. 번민과 열등감 때문에 괴로워하는 사람들의 마음에 용기와 자신감을 불러일으키기 위해서다.

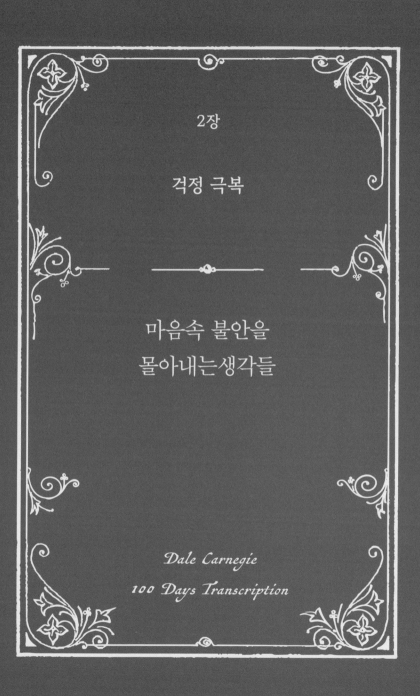

2장

걱정 극복

마음속 불안을
몰아내는생각들

*Dale Carnegie*
*100 Days Transcription*

How to Win Friends & Influence People

How to Stop Worrying and Start Living

Public Speaking and Influencing Men in Business

1909년 데일 카네기는 뉴욕에서 가장 불행한 청년 중 한 명이었다. 그는 생계를 위해 트럭을 팔았는데, 트럭이 어떻게 움직이는지도 몰랐고 또 그것을 알려고도 하지 않았다. 무엇보다 자신의 직업을 경멸했다. 꿈꾸던 인생이 고작 이런 것인지 번민하며 비참해하던 그는 마침내 결단을 내렸다. 싫어하는 트럭 장사를 그만두고 자신이 좋아하는 일, 성인을 대상으로 가르치는 일을 하기로 말이다.

데일 카네기는 좋아하는 일에 도전하면서 불안을 대하는 마음가짐이 달라졌다. 걱정, 근심을 극복하고 하루하루 즐기면서 일할 수 있었던 것이다.

데일 카네기는 뉴욕을 기반으로 스피치, 커뮤니케이션, 인간관계에 대한 강의를 성황리에 이어가고 있었다. 그 과정에서 수강생들이 걱정에 대해서 관심이 많다는 것을 알게 되었다. 이에 대해 알려주고자 교재를 찾아보았으나 마땅한 책이 눈에 띄지 않았다. 하물며 벌레에 대한 책은 수천 권이 있는데도 걱정, 근심에 관한 책은 별로 없었다. 그래서 직접 교재를 쓰기 위해서 대대적인 조사에 착수했다. 각종 심리서를 비롯하여 조금이라도 관련된 내용이 있으면 자료를 수집하고 연구했다. 그렇게 완성된 책이 바로 《데일 카네기 자기관리론》이다.

# 019

# 일에 몰두하면 고민할 틈이 없다

나는 고민하는 일이 없다.
너무 분주해서 고민할 새가 없기 때문이다.
- 윈스턴 처칠

고민이 있으면 일에 몰두하라. 그러지 않으면 절망하게 될 것이다. 우리는 쓸데없는 생각에 몰두하지 말아야 한다. 일에 몰두하면 두뇌 활동이 활발해지고 혈액순환까지 덩달아 좋아지면서 생명의 힘찬 물줄기가 고민을 몰아낸다.
생각이 많아진다고 느낄 때는 몸을 바쁘게 하라. 이 처방이야말로 세상의 모든 약 중에서 가장 값싸고 효능이 좋다.

Idea Note

Action Note

# 하나의 감정은 다른 감정을 몰아낸다

지금 당장 의자에 깊숙이 기대앉아 눈을 감아라. 그리고 자유의 여신상과 내일 아침에 하려고 마음먹은 일을 동시에 떠올려 보아라. 어떤가?

번갈아 가며 하나씩 떠올릴 수는 있겠지만, 두 가지를 한꺼번에 생각할 수는 없을 것이다. 이는 감정의 영역에서도 마찬가지다. 우리가 어떤 흥미로운 일을 한다고 할 때, 흥분하고 열광을 느끼는 바로 그 순간 걱정으로 짓눌리는 감정을 동시에 느낄 수는 없다. 걱정과 불안에서 벗어나고 싶다면 좋아하는 일, 즐거운 일을 찾아서 거기에 빠져들어라. 하나의 감정은 다른 감정을 몰아낼 수 있다.

Idea Note

Action Note

# 021

# 사실을 쥐고 있으면
# 혼란스러울 일이 없다

이 세상 걱정의 절반은 결단의 근거가 되는 지식을 충분히 갖추
지 않고 서둘러 결단을 내리려는 사람들에 의해 일어난다.
– 허버트 E. 헉스

사실을 파악하지 못하면 문제를 잘 해결하지 못한다. 사실을 쥐
고 있지 못하면 혼란 속에서 방황만 할 뿐이다. 누구든지 공평
하고 객관적인 입장에서 사실을 파악하기 위해 시간을 할애한
다면 온갖 걱정은 지식의 빛을 받아 증발한다.

사고와 감정을 분리하면 진상을 파악할 수 있다. 문제를 객관적
으로 관찰하는 방법은 두 가지가 있다. 첫 번째, 자신을 위해서
가 아니라 다른 사람을 위해서 사실을 파악하라. 두 번째, 나에
게 불리한 사실을 밝히도록 노력하라.

Date      .      .

Idea Note

Action Note

# 022

# 걱정과 싸우는 방법을 모르는 자는 단명한다

걱정과 싸우는 방법을 모르는 사람은 단명한다.
– 알렉시 카렐(노벨의학상 수상자)

미국에서 평균 나이 44세의 중역급 176명을 조사한 결과 3분의 1 이상이 고도의 긴장에서 오는 각종 질환, 이를테면 심장병, 위궤양, 고혈압 등에 걸린 것으로 나타났다. 이를 볼 때 성공이란 얼마나 값비싼 것인지 탄식이 나온다. 병환을 대가로 사업을 성장시켰다고 해서 성공했다 할 수 있는가?

전 세계가 내 것이라 한들 건강 없이는 무슨 소용인가? 온 천하를 수중에 넣었다 한들 침대는 하나로 족하고 하루에 오직 세 끼를 먹을 뿐이다. 오히려 신입사원이 중역보다 깊이 자고 밥맛노 좋을 것이다. 회사나 공장을 경영하다 45세 전에 건강을 망치느니 직위가 없어도 걱정 근심 없이 지내는 편이 낫다.

Idea Note

Action Note

# 023

# 몸의 긴장을 풀면 마음이 편안해진다

몸의 근육이 이완되면 마음의 긴장도 풀어진다. 다음을 따라 해보라.

바닥에 누워 몸을 쭉 뻗고 눈을 감는다. 눕기 어렵다면 의자에 바르게 앉아 무릎 위에 손바닥을 올려놓는다. 그리고 이렇게 말해보라.

"태양이 머리 위에서 빛나고 있다. 하늘은 맑게 개고 자연은 세상을 부드럽게 지배하고 있지 않은가. 나는 자연의 자녀로서 우주와 조화를 이루고 있다."

천천히 발가락을 긴장시켰다 느슨하게 푼다. 다리의 근육도 힘을 주었다 풀어준다. 안정된 호흡으로 신경을 진정시키며 심호흡한다. 인상 쓰고 있는 표정을 푼다.

긴장했던 몸이 느슨해지면서 어느새 마음도 편안해짐을 느낄 수 있을 것이다.

Idea Note

Action Note

# 결심만으로는 미래에 대한 불안을
# 떨칠 수 없다

인간은 그에게 엄습해 오는 일 그 자체보다 그 일을 저지시키려
고 애쓰는 과정에서 상처를 입는 일이 많다.
– 미셸 드 몽테뉴

일어날 일에 대한 생각은 전적으로 우리의 마음에 달려 있다.
걱정에 사로잡혀 신경이 곤두섰을 때는 의지의 힘에 따라 정신
자세를 바꿀 수 있다는 뜻이다.
미래를 불안해하지 말자는 결심만으로는 감정을 쉽게 바꿀 수
없다. 대신 행동은 바꿀 수 있다. 그리고 행동을 바꾸면 자동으
로 감정까지 바꿀 수 있다.

Idea Note

Action Note

# 025

# 쾌활한 척만 해도 걱정은 사라진다

쾌활함을 잃었을 때 자력으로 회복하는 가장 좋은 방법은 쾌활한
마음 자세를 갖고 유쾌한 듯이 말하고 행동하는 것이다.
– 윌리엄 제임스

이 간단한 비결이 과연 도움이 될지 시험해 보라.

정말로 즐거운 듯이 만면에 웃음을 띄우자. 어깨를 쭉 펴고 크
게 심호흡하라. 그러고 나서 노래를 흥얼거리자. 아니면 휘파람
이라도 좋다. 휘파람이 아니라면 콧노래도 좋다.

즐거운 듯이 행동하면 침울해지려 해도 결코 그렇게 안 된다.
참 신기한 일이다.

Idea Note

Action Note

# 평균의 법칙으로 고민을 추방하라

평균의 법칙을 사용하여 고민을 추방하자. 평균의 법칙은 '이 문제가 전혀 일어나지 않을 확률은 어느 정도인가'를 자문하는 것이다.

당장 일어날지도 모른다고 걱정했던 그 일이 실제로 일어날 수 있는가? 어느 정도의 확률이 있는지, 우리 걱정에 정당성이 있는지를 평가해 보면 우리가 걱정하는 것의 90퍼센트는 끝내 일어나지 않는 일임을 알 수 있다.

Idea Note

Action Note

# 027

# 깨끗하게 체념하는 태도를 갖춰라

깨끗하게 체념할 수 있는 태도야말로 인생길을 준비하는 데 가장 중요하다.

– 쇼펜하우어

우리는 인생이란 긴 항로를 통과하는 동안 갖가지 불쾌한 상황에 어쩔 수 없이 부딪힌다. 이는 불가피한 일이다.

하지만 우리에게는 선택의 자유가 있다. 즉 불가피한 일을 받아들이고 그것에 적응하든지, 아니면 그것을 피하는 데 집착하느라 신경쇠약에 걸린 채 일생을 끝마치든지 선택할 수 있다.

이때 최악의 사태를 받아들인다면 더 이상 잃을 것이 아무것도 없다. 이는 달리 말하면 이미 모든 것을 얻었다는 뜻이다!

Idea Note

Action Note

## 028

# 번민과 활력은 공존할 수 없다

행복의 길은 단 하나밖에 없다.
우리의 의지력으로는 어쩔 수 없는 일에 대해 고민하기를 그만두
는 것이다.
– 에픽테토스

인간이란 불가피한 일과 싸우는 동시에 새로운 삶을 창조할 감
정과 활력을 갖지 못한다.
그러므로 어느 쪽이든 하나를 선택할 수밖에 없다.

Idea Note

Action Note

# 029

# 피로를 느끼기 전에 휴식을 취하라

어떤 긴장도 완전한 휴식이 있는 곳에서는 존재할 수 없다.
- 에드먼드 제이콥슨

피로를 느끼기 전에 먼저 휴식을 취하라. 피로는 때때로 걱정의
원인이 되며 최소한 걱정에 감염되기 쉬운 환경을 만든다.
또한 피로는 감기를 비롯한 모든 질병에 대해 육체적 저항력을
약화시킨다. 정신과 의사들은 피로가 두려움이나 걱정, 근심과
같은 부정적 감정에 대한 저항력을 약화시킨다고도 말한다.
피로를 예방하면 번민을 미연에 방지하는 데 큰 도움이 된다.

Idea Note

Action Note

# 짧은 휴식에도 큰 치유력이 있다

일하는 것만 알고 휴식을 모르는 사람은 브레이크 없는 자동차와
같고, 일하는 것을 모르는 사람은 엔진 없는 자동차와 같다.
- 헨리 포드

피로와 번민을 예방하는 제1법칙은 수시로 휴식하는 것이다.
피로는 놀랄 만큼 쌓이고 또 쌓이는 것이기 때문이다.
짧은 시간의 휴식에도 매우 큰 치유력이 있다. 단 5분의 낮잠도
피로를 예방하는 데 도움이 된다.

Idea Note

Action Note

# 031

# 마음의 평화를 상실하는 대가로
# 비싼 값을 치르지 마라

참다운 마음의 평화를 얻는 비결은 가치에 대한 정당한 판단력을 갖추는 데 있다. 자신의 인생에서 어느 정도 가치가 있는 일인지 가늠하는 자신만의 기준이 있다면 걱정의 50퍼센트는 해소될 것이다. 기준에 상응하는 만큼 충분히 걱정했다면 그에 대해 더 이상 생각하지 말아라. 이를 판가름하기 위해 스스로에게 다음의 세 가지 질문을 하라.

첫 번째, 지금 걱정하는 일이 실제 얼마나 중대한가?

두 번째, 어느 정도까지 실컷 고민하고 나면 이 일에 대해 걱정을 멈추고 잊어버릴 수 있는가?

세 번째, 이 걱정에 정확히 얼마의 대가를 치를 것인가? 이미 충분히 지불하지는 않았는가?

Idea Note

Action Note

032

# 흘러가 버린 물로
# 씨앗을 싹트게 할 수는 없다

물론 가끔 번민한 적도 있었지만, 그런 어리석은 짓은 까마득한 옛날에 그만두었다. 고민한다고 바뀌는 일은 아무것도 없다. 이미 흘러가 버린 물로 씨앗을 싹트게 할 수는 없는 것이다.

– 코니 맥(미국의 전 프로 야구 선수이자 감독)

불과 180초 전에 일어난 일이라도 이미 벌어진 일을 바꾸기는 불가능하다. 그런데도 대다수 사람들은 과거를 바꾸고 싶어 괴로워한다. 과거를 건설적인 것으로 만드는 방법은 내가 한 잘못을 조용히 분석하여 교훈으로 삼고 과오를 잊어버리는 것이다. 흘러가 버린 물로 씨앗에서 싹을 틔울 수는 없다. 그러나 지나간 일을 곱씹으며 괴로워하는 일을 그만둔다면 얼굴의 주름살이 펴지거나 위궤양이 나을 수는 있다.

Idea Note

Action Note

# 033

# 타인의 기쁨을 고민할 때
# 내 슬픔이 없어진다

다른 사람을 기쁘게 만들어보라. 자신이 할 수 있는 일이 무엇일지, 어떻게 하면 다른 사람이 기뻐할지 고민하고 그것을 행동에 옮겨라. 그렇게 하면 슬픈 생각이나 불면증이 없어지고 모든 일이 해결될 것이다.
– 알프레트 아들러

병의 진짜 원인은 협동 정신이 결여된 데 있다. 남과 평등하게 협동하는 태도를 갖는다면 자신의 불우한 상황을 잊고 건강과 행복을 되찾을 수 있다.

Idea Note

Action Note

# 미움은 사랑으로 없어진다

미움은 결코 미움으로 없어지지 않는다. 사랑으로 없어진다.

– 부처

오해 역시 결코 논쟁으로 없어지지 않는다. 재치나 수완, 화해 그리고 다른 사람의 입장을 이해하고 공감하려는 마음에 의해 없어진다.

Idea Note

Action Note

# 불행한 이들을 돕느라 내 병을 잊었다

마거릿 테일러 예이츠 (소설가)

만일 일본군이 진주만을 공격해서 나의 생활을 흩뜨려 놓지 않았다면, 지금처럼 새로운 생활을 시작할 수 없었을 것이다. 그 사건이 일어났을 때 세상은 온통 혼란에 빠졌고 질서란 찾아볼 수 없었다. 폭탄이 근처에 떨어지는 진동에 나는 침대에서 굴러 떨어졌다. 군용 트럭이 육·해군 가족을 학교로 피신시키느라 히캄 비행장과 스코필드 기지로 급히 오갔다.

적십자사는 피난민을 수용할 여분의 방이 있는 사람들에게 전화를 돌리고 있었다. 적십자사 직원은 내가 침대 곁에 전화를 두고 있다는 사실을 알고는 나에게 정보 교환소 역할을 해달라고 부탁했다. 나는 곧 육·해군 병사의 가족이 어디에 수용되어 있는지 조사하기 시작했다.

군인들은 적십자사로부터 그들의 가족 소식을 나에게 문의하도록 지시받았다. 나는 이 일을 하면서 남편인 로버트 랄레이

예이츠 함장이 무사하다는 사실을 알게 되었고, 병사의 안부를 걱정하는 가족들을 격려할 수 있었다. 또한 많은 전사자의 가족을 위로하기 위해서도 무척 애를 썼다. 그때의 전투로 2117명의 해군 장병이 전사하고 960명이 행방불명되었다.

처음에 나는 침대에 누운 채로 전화에 응답했다. 어느 날은 너무 바쁘고 흥분한 나머지 아픈 몸이라는 것도 잊어버리고 책상 앞에 앉아 하루 종일 통화했다. 나보다 더 불행한 사람을 도와야겠다는 생각에 내 몸의 병을 잊어버린 것이다. 그 후로는 잠잘 때 외에는 침대에 누워본 적이 없다. 지금 생각해 보면 침대 생활이 편했기 때문에 나는 스스로 재기의 의지를 잃고 있었는지도 모른다.

진주만 공격은 미국 사상 최대의 비극이지만, 내 개인적으로는 전화위복이 되는 사건이었다. 위기 덕분에 내게 있을 거라고 꿈에도 생각하지 못했던 힘이 발현되었으며, 내 고민을 잊고 타인에게 집중할 수 있었다. 내가 살아가는 하는 필수불가결하고 중요한, 크나큰 삶의 목적을 부여받은 것이다. 이제 더 이상 나 자신에 대해 번민하거나 걱정할 시간 따위는 없을 정도로 바쁘고 충실한 하루하루를 보내고 있다.

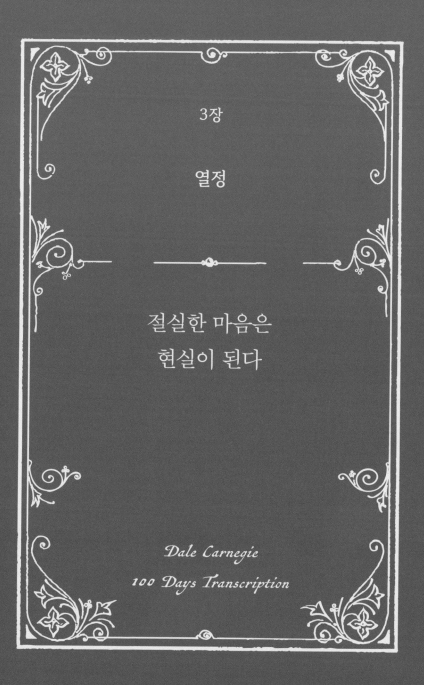

3장

열정

절실한 마음은
현실이 된다

*How to Win Friends & Influence People*

*How to Stop Worrying and Start Living*

*Public Speaking and Influencing Men in Business*

데일 카네기는 매 순간 열정과 진심을 다했다. 데일 카네기가 열정을 아끼지 않았음을 보여주는 일화가 있다. 아모아사에 영업사원으로 고용되었는데, 미국 남부 오마하 지역에서 영업을 했던 모든 사원이 실패하고 아무도 지원하지 않은 바람에 어부지리로 뽑힌 것이다. 그가 담당했던 지역은 27개 지점 중 실적이 최하위였다. 그는 2년 동안 열정을 다해서 영업에 매진한 결과 이 지역을 27위에서 1위로 끌어올렸다. 회사 대표는 그에게 "당신은 불가능해 보였던 일을 성취했다"라는 감사 편지를 전했다.

사실 데일 카네기에게 열정의 원동력은 성인 대상 교육에 대한 열의이자 글을 쓰고 싶은 욕망이었다. 데일 카네기는 돈을 버는 일에는 관심이 별로 없었다. 낮에는 공부하면서 글을 쓰고, 저녁에는 가르치는 일을 하고 싶었다. 1912년 뉴욕 YMCA에서 가르치는 일을 하며 그는 사명감을 느꼈다. 가르치는 일이 삶의 원동력이었던 것이다.

## 035

# 결과에 대한 마음이 절실하면
# 확실히 도달한다

결과에 대한 마음이 실로 절실하다면, 확실히 그 결과에 도달할
수 있다. 부자가 되고 싶다고 갈망하면, 부자가 될 수 있다. 학자
가 되고자 하면 학자가 될 수 있다.

다만 목표한 바 이외에 다른 것에 신경 쓰지 말고 오로지 그것만
을 진정하게 염원해야 한다.

– 윌리엄 제임스


열중이란 단순한 껍데기만이 아니고 내면에서 작용하는 것이
다. 열중은 자기가 직면하고 있는 일의 어떤 일면에 대해 진정
으로 몰두할 때 생겨난다. 바라는 바가 있다면 그것만 떠올려
라. 내 안에서 피어오른 열중이 목표 지점까지 길을 안내할 것
이다.

Idea Note

Action Note

# 036

# 강렬한 감정에 참된 자아가 나타난다

사람이 강렬한 감정에 영향을 받을 때, 그 사람의 참된 자아가 표면에 나타난다. 장벽이 제거되는 것이다. 감정의 불꽃이 온갖 장벽을 불태워 버린 것이다.

그러니 감정에 솔직한 사람은 감정에 충실히 따라서 무의식적으로 행동하고 무의식적으로 이야기한다. 그야말로 자연스러움 뿐이다.

Idea Note

Action Note

# 도전 의욕을 불러일으키는
# 가장 중요한 것은 일 자체다

일에서 가장 보람을 주는 요소가 무엇일까? 돈? 좋은 근무 조건? 보너스? 그 어느 것도 아니었다. 사람들에게 동기를 유발하는 가장 주된 요인은 일 그 자체였다.

일이 신나고 재미있으면, 그 일에 대해 기대가 되고 더 잘해보려는 동기도 생긴다. 성공한 사람들이 모두 좋아하는 한 가지는 일 자체였으며, 일을 좋아하는 이유는 자기표현의 기회이기 때문이라고 입을 모았다.

Idea Note

Action Note

# 038

# 성공은 수많은 실수를 모두 덮어준다

성공한 사람은 시도하고 변화시키고 마침내 해낸다.
성공은 수없이 많은 실수를 모두 덮어준다.
– 조지 버나드 쇼


어떤 일에서 성공하기 위해서는 다음의 자질이 필요하다.
열정을 불러일으키는 욕구, 산을 평지로 만들 정도의 지속성,
그리고 성공에 대한 확고한 자신감이다.
끈기를 갖고 계속 도전한다면 실패를 거듭하더라도 마침내 성
공과 마주할 것이다.

Idea Note

Action Note

# 열정은 노력의 어머니다

열정은 노력의 어머니이며, 열정 없이는 위대한 것을 성취할 수 없다.

– 랠프 월도 에머슨

세계의 위대한 사업의 대부분은 절망적이라는 생각이 들 때도 더욱 열정적으로 계속한 사람의 손에 의해 이루어졌다.

Idea Note

Action Note

# 040

# 인생이라는 유일한 모험에 도전하라

인생은 단 한 번뿐이다.

무사안일하게 사는 것보다 이 세상에서 무슨 일이든 하나는 이루
기 위한 모험을 시도하는 것이 우리의 인생에 걸맞다.

– 시어도어 루스벨트


지금이야말로 '인생'이라는 훌륭한 모험을 이 지구상에서 실행
할 수 있는 유일한 기회다. 그러므로 가능한 한 풍요롭고 행복
하게 살 수 있는 계획을 세우고 실행해 나가자.

Idea Note

Action Note

# 자기표현의 욕구는 중요한 욕망이다

자기표현 욕구는 인간의 중요한 욕망 중 하나다.

– 윌리엄 윈터(연극 평론가)

인간은 자신의 가치를 증명하고 남보다 뛰어나고 싶어 한다. 그래서 이길 수 있는 기회를 좋아한다. 각종 대회가 열리고 사람들이 참가하는 것도 뛰어나고자 하는 욕구, 자기 효능감을 얻고자 하는 욕구 때문이다. 자기표현의 욕구를 충족시킬 기회, 즉 세상에 나를 드러낼 수 있는 기회를 놓치지 마라.

Idea Note

Action Note

# 042

## 배움에 대한 모험의 태도를 가져라

배움에 대한 올바른 태도는 바로 모험의 태도다.

모험을 함으로써 진실로 우리를 뒷받침해 주는 것은 자기 자신을 이끌어가는 힘과 직감임을 깨닫게 될 것이다. 내면으로나 외면으로나 우리를 근본적으로 바꾸어놓는 것은 모험이다.

Idea Note

Action Note

# 두려워하던 일을 성공하는 자신을 그려라

두려워하던 일을 성공적으로 해내는 자신을 그려보아라. 그리고 기회만 있다면 내가 꿈꾸는 바에 대해 여러 사람 앞에서 말해보라. 경험이 쌓일수록 점점 더 말을 잘할 수 있다. 사람들 앞에서 자신 있게 이야기하며 마음속에서 솟아오르는 용기를 느껴라. 그때까지는 일찍이 느껴본 적 없는 정신의 고양, 즉 자신이 완전한 인간이라는 느낌을 자각하게 된다.

Idea Note

Action Note

# 044

# 노력은 나의 가능성을 긍정하는 태도다

노력이 열매를 맺을 가능성에 대해 긍정적인 생각을 해라. 노력
이 가져다주는 결과에 대해 낙관적인 생각을 해라. 이 능력을
개발하기 위해 헌신하겠다는 결의를 말과 행동으로 나타내야만
한다.

Idea Note

Action Note

# 과거로 도피하는 길을 불태워라

로마의 율리우스 카이사르는 도버 해협을 건너 영국에 상륙한 후 모든 군함에 불을 질렀다. 적지에서 퇴각할 최후의 수단이 연기로 사라졌다. 남은 길은 오직 하나, 전진하여 정복하는 길 뿐이었다. 그것은 참으로 현명한 방법이었다. 결국 카이사르의 대군은 목숨을 걸고 싸웠다. 이것이 카이사르가 역사에 이름을 남길 수 있었던 불굴의 정신이다.

소극적인 생각은 불더미에 던져버려라. 우유부단한 과거로 도피하는 길은 모두 막아라.

Date    .    .

Idea Note

Action Note

# 046

# 타인의 비웃음을 두려워하지 마라

스케이트를 배우는 요령처럼, 아무리 남이 웃더라도 겁내지 말고
끈기 있게 연습하라.

– 조지 버나드 쇼

조지 버나드 쇼는 소심하고 내성적인 성격을 극복하기 위해 다
른 어떤 것보다도 효과가 빠른 방법을 생각해 냈다. 자신의 약
점을 가장 강력한 무기로 전환하기로 결심한 것이다. 그는 한
토론회에 가입하여 공개토론이 있는 회합에 빠짐없이 출석했
다. 토론에 적극 참가한 결과 그는 20세기 전반에 가장 자신감
넘치고 재치 있는 웅변가가 되었다.

Idea Note

Action Note

## 047

# 경험에서 솟아난 신념을 믿어라

인생에 대해 무엇인가 배울 수 있었던 값진 경험을 자신의 과거에서 찾아내라. 그런 경험에서 솟아난 사상, 의견, 신념을 정리하라. 위대한 인물들은 굳건한 신념으로 역사에 기록을 남겼다. 이들처럼 나의 신념에 대한 믿음을 가져라.

Idea Note

Action Note

# 048

# 좌절 그리고 희망과 승리를 말하라

현재의 직업이나 사업을 어떻게 갖게 되었는가? 어떤 계기가 당신의 경력을 좌우했는가? 경쟁이 치열한 이 세상에서 출세하고자 할 때, 당신이 부딪힌 좌절이라든가 희망과 승리에 관하여 이야기하라. 지금 자신이 가는 길에 확신이 깊어지고 자신감이 차오를 것이다.

Date   .   .

Idea Note

Action Note

# 스스로 열의에 불을 붙여라

자신의 신념에 대한 열정에 불을 붙여라. 열의가 솟아날 때까지 곰곰이 생각하며 마음속에 새겨라. 스스로 흥미를 돋우고 열의를 불태워 진정으로 사명을 받았다고 느껴라.

이를 반복하면 내가 하는 말에 확신이 서고, 듣는 사람은 나의 넘치는 열의에 감동할 것이다.

Idea Note

Action Note

# 신념은 냉정한 사고이자 뜨거운 감정이다

신념은 지성이자 무엇을 말해야 할 것인가에 대한 냉정한 사고다. 동시에 가슴으로 느끼는 뜨거운 감정이다.

신념을 만드는 첫 단계는 사소하더라도 무언가 흥미 있는 일에 관심을 기울이는 것이다. 관심을 기울여라. 작은 관심은 자신이 무엇을 모르는지 이성적으로 깨닫고 어떤 것에 관해서든 좀 더 배우게 만든다. 알면 알수록 한층 더 진지해지고 성실한 태도를 갖게 된다. 성실은 신념이 반영되어 드러나는 것이다.

Idea Note

Action Note

# 성공하겠다는 결심이야말로
# 무엇보다 중대하다

에이브러햄 링컨

✠

언젠가 법률 공부를 해보겠다고 결심한 청년이 조언을 바란다면서 내게 편지를 보내온 적이 있다. 나는 이렇게 답장했다.

"만약 당신이 변호사가 되겠다는 굳은 결심을 했다면 당신은 이미 절반 이상의 목적을 달성한 것이나 다름없습니다. 성공하겠다는 결심이야말로 다른 그 무엇보다 중대하다는 사실을 항상 명심하십시오."

이는 내가 직접 경험해서 깨달은 사실이다. 전 생애에 걸쳐 내가 학교에 다닌 기간은 다 합쳐도 1년 미만이다. 집에서 50마일(약 80킬로미터) 이내에 있는 책을 모두 빌려서 독파했다. 통나무집에서 밤새도록 타오르던 난로의 불빛에 비추어 책을 읽었다. 통나무집의 나무와 나무 틈 사이에 책을 꽂은 채 잠들었다가 아침이 밝으면 곧바로 책을 꺼내 탐독하는 일상을 반복했다.

20마일(약 32킬로미터) 넘게 걸어서 강연을 들으러 다녔다. 강연에서 돌아오는 길에는 들이나 숲속에서, 또는 마을의 식료품점에 모인 사람들을 상대로 때와 장소를 가리지 않고 부지런히 연설을 연습했다. 또한 뉴세일럼과 스프링필드의 토론회에 입회해 시사 문제에 관해 이야기하기도 했다.

꾸준한 연습과 독학을 통해 당시 가장 완벽한 웅변가로 불리던 스티븐 더글러스 상원의원과 당당히 맞서는 실력을 키울 수 있었다. 상원 선거에서 더글러스 의원에게 패배했을 때, 동료들에게 "한 번을 졌든 백 번을 졌든 단념하지 마라"라고 설득하며 독려하기도 했다. 끈질기게 참고 견디자 시간이 흐르면서 지독하리만치 어려웠던 시절을 극복하고 게티즈버그 연설과 같은 순간을 남길 수 있었다.

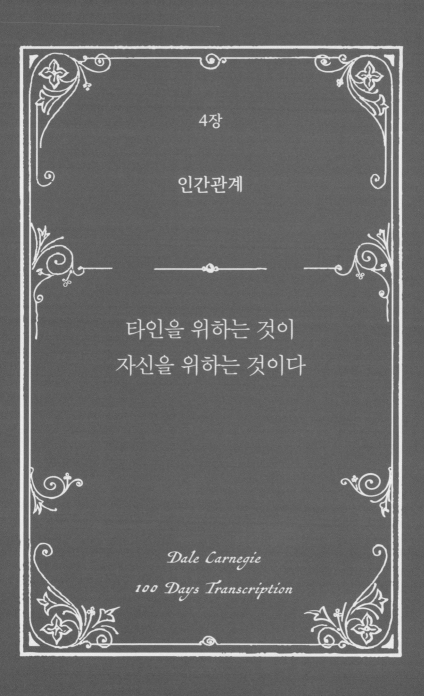

4장

인간관계

타인을 위하는 것이
자신을 위하는 것이다

*Dale Carnegie*
*100 Days Transcription*

*How to Win Friends & Influence People*

*How to Stop Worrying and Start Living*

*Public Speaking and Influencing Men in Business*

데일 카네기가 강조한 인간관계의 핵심을 간단히 말하자면 다음과 같다. 인간은 이기적인 동물이다. 또한 이성적인 동물이 아닌 감정적인 동물이다. 인간이 가장 갈망하는 것은 솔직하고 진지한 칭찬과 감사다. 인간관계는 시소게임과 같다. 내가 상대를 높여주면 상대도 나를 높여준다. 칭찬과 감사를 표하라. 당신은 칭찬과 감사를 받는 행복한 인생을 살게 된다.

인간관계에 어려움을 겪는 사람이 《데일 카네기 인간관계론》을 비롯해 관계에 관한 책을 많이 찾는다. 한국 사회에 꼭 필요한 데일 카네기의 인간관계 노하우를 단 하나만 꼽자면 바로 '비난 대신 칭찬을 하라'를 들고 싶다. 왜냐하면 비난은 인간을 방어적 입장에 서게 하고 대개 그 사람으로 하여금 자신을 정당화하도록 안간힘을 쓰게 만들기 때문이다. 데일 카네기의 말을 빌리자면 "우리는 칭찬을 갈망하는 만큼이나, 비난을 두려워한다".

세계적으로 유명한 심리학자인 스키너도 행동 실험으로 이를 입증했다. 어떤 행동에 대해서 칭찬을 받은 동물은 나쁜 행동에 대해 벌을 받은 동물보다 훨씬 더 빨리 배우고, 훨씬 효과적으로 배운 것을 습득함을 증명한 것이다.

# 051

# 자신을 잊을 때 더 큰 보상이 따른다

남에게 흥미를 가짐으로써 자신을 잊어버려라. 자기밖에 생각하지 못하는 사람은 인생에서 얻을 수 있는 많은 것을 놓친다. 남을 위해 봉사함으로써 자기 자신을 잊어버리는 사람에게는 더 큰 행복, 더 큰 만족과 자부심이 보상으로 되돌아온다. 남을 기쁘게 함으로써 번뇌나 두려움, 고민에서 벗어나게 된다.

Idea Note

Action Note

# 대화를 나눌 때 한 가지만 명심하라

나와 대화를 나누는 사람은 나라는 사람과 나의 문제보다 그 자신과 그의 요구와 문제에 100배 더 많은 관심을 갖고 있다는 사실을 명심하라.

누군가의 치통은 100만 명의 목숨을 앗아간 빈곤국의 굶주림보다 당사자에게 더 큰 의미를 지닌다. 그 사람의 목에 난 종기 하나는 아프리카에서 발생한 40여 차례의 지진보다 더 중차대한 관심의 대상이다.

Idea Note

Action Note

# 053

# 상대에게 순수한 관심을 두어라

타인이 나에게 관심을 가지게 하려고 노력하는 2년보다 내가 다른 사람에게 관심을 기울이는 두 달 동안 훨씬 더 많은 친구를 사귈 수 있다.

사람의 마음을 얻으려면 그 사람의 시선을 끌려고 하기 전에 먼저 그 사람에게 순수한 관심을 두어라.

Idea Note

Action Note

# 부당한 비난은 위장된 찬사다

세상에는 자기보다 높은 교육을 받거나 성공한 사람을 악담함으로써 천박한 만족을 느끼는 사람이 많다. 부당한 비난은 대부분 위장된 찬사라는 사실을 간파하라. 나를 걷어찬 사람은 그저 자신이 잘난 듯한 느낌을 맛보고 싶어 했을 뿐이다. 그 일이 무엇이건 비난을 받았다는 것은 내가 남의 주목을 끌 만한 일을 하고 있음을 의미한다.

Idea Note

Action Note

# 055

# 적의 비난에서 교훈을 얻는다

당신은 당신을 칭찬하는 사람, 당신을 기쁘게 해주는 사람, 당신
편을 들어주는 사람에게 교훈을 얻고 있는가?
당신을 거부하는 사람, 당신과 적대하는 사람, 당신과 충돌하는
사람으로부터 커다란 교훈을 얻은 적은 없는가?
– 월트 휘트먼


어리석은 사람은 사소한 비평에도 흥분하고 성내지만, 현명한
사람은 자기를 비난하고 공격하고 논쟁한 사람에게서 무엇이라
도 배우려 한다.
우리는 적이 가하는 비평을 기다리지 말고 그들을 앞질러 스스
로에 대해 냉혹한 비평가가 되어야 한다. 우리의 적이 발언의
기회를 잡기 전에 먼저 자신의 약점을 발견하라.

Idea Note

Action Note

# 사람들은 자신과 같은 의견을
# 목마르게 기다린다

우리가 매일 만나는 사람들의 4분의 3은 '나와 같은 의견을 가진 사람은 없을까?' 하고 필사적으로 찾고 있다. 이 소망을 채워주는 것이 타인에게 호감을 사는 비결이다.

상대가 내 생각을 따라오게 하는 가장 확실한 방법은 상대의 의견을 충분히 받아들여 그의 자존심을 세워주는 것이다.

Idea Note

Action Note

# 057

# 칭찬은 일생의 마음을 위로하는
# 보물이 된다

마음에서 우러나온 진심으로 상대방의 장점을 인정하고 아낌없이 칭찬해 주어라. 그렇게 하면 상대는 당신의 말을 일생 동안 마음에 품고서 되새기며 마음을 위로하는 보물로 삼을 것이다. 당신이 까마득히 잊어버린 뒤에도.

Idea Note

Action Note

# 비난보다 이해가 유익하고 흥미롭다

다른 사람의 생각이 전부 틀릴 수도 있다. 그러나 그들은 그렇게 생각하지 않는다. 그들을 비난하지 마라. 바보는 얼마든지 그럴 수 있다. 그들을 이해하려고 노력하라. 현명하고 끈기 있고 특별한 사람만이 그런 노력을 하는 법이다.

어떤 사람이 자기 방식대로 생각하고 행동하는 데에는 나름대로 이유가 있다. 그 이유를 먼저 알아보라. 그러면 그의 행동, 어쩌면 그의 인간성까지도 이해할 수 있는 열쇠를 얻을 것이다.

'내가 만일 그의 입장이었다면 어떻게 느끼고 행동했을까?'라고 스스로 묻는다면 시간도 아끼고 화도 내지 않을 수 있다. 원인에 관심을 가지면 결과에도 동정심이 생기기 때문이다.

Date . .

Idea Note

Action Note

059

# 남의 잘못을 봤다면, 돌이켜 자신을 반성하라

사람의 잘못은 그 자신의 인간관계에서 비롯된다.
남의 잘못을 보면, 돌이켜 자기 자신을 반성하라.
– 공자

남의 결점이 보이면 바로잡아 주고 개선해 주고 싶지 않은가?
그것은 참으로 좋은 일이다.
그런데 왜 자기 자신에게는 그렇게 하지 않는가? 자신을 바꾸
는 것이 남을 개선하려 섣불리 나서는 것보다 훨씬 이득이 많으
며 더 위험이 적다.

Idea Note

Action Note

# 060

# 타인에게 관심이 없는 자는 해를 끼친다

다른 이에게 관심이 없는 사람은 인생을 사는 데 굉장히 어려움을 겪고 다른 사람에게도 해를 끼친다. 인간의 모든 실패는 바로 이런 유형의 인물에게서 비롯된다.

– 알프레드 아들러

다른 사람이 나를 좋아하기를 바라는가? 그렇다면 내가 먼저 진실한 우정으로 그 사람을 도와주고 싶어 하는지를 돌아보라. 아무리 바쁘더라도 진실된 마음으로 타인에게 관심을 기울일 때 비로소 그들로부터 관심과 협조를 얻을 수 있다.

Idea Note

Action Note

# 진심을 다해 미소 지어라

환한 미소는 "나는 당신을 좋아해요. 당신은 나를 행복하게 만들어줍니다. 뵙게 되어 반갑습니다"라고 말하는 것과 같다.

미소를 지으려면 어떻게 해야 하는가? 우선 억지로라도 웃어보아라. 이미 행복한 것처럼 행동하면 정말로 행복해져 자연스러운 미소가 떠오를 것이다.

Date      .      .

Idea Note

Action Note

# 062

# 좋은 말솜씨는 경청에서 시작한다

말솜씨가 좋은 사람이 되기를 원한다면 우선 주의 깊은 경청자가 되어야 한다. 사람들이 나에게 흥미를 느끼게 하려면 내가 먼저 남에게 흥미를 느껴야 한다.

상대가 하는 말을 주의 깊게 들은 다음 그가 선뜻 대답해 줄 질문을 던져보라. 사람들은 자신의 희망, 욕구, 생각에 관해 누가 물어봐 주기를 원한다. 그들 자신과 그들의 업적에 관해 이야기하도록 격려해 주어라. 자신에 대해 말하도록 상대방을 고무시켜라.

Idea Note

Action Note

# 대접받고 싶은 대로 남을 대접하라

남에게 대접받고자 하는 대로 남을 대접하라.

– 예수

사람은 주위 사람들에게 칭찬받고 싶어 하며, 자신의 진정한 가치를 인정받길 원한다. 자기 자신의 조그마한 세계에서 중요한 존재이고자 한다. 경박한 아첨은 듣고 싶어 하지 않지만 진심에서 우러나오는 칭찬은 열망한다.

남에게 대접받고자 하는 만큼 남에게 베풀어라. 어느 때나 어느 곳에서나 그렇게 해야 한다.

Idea Note

Action Note

# 064

# 긍정적인 답으로 시작하도록 유의하라

사람들과 이야기할 때 상대와 의견이 다른 문제에 대해 먼저 논의하지 말라. 동의하는 내용에 대해 먼저 말문을 트고 계속 서로의 논조가 같음을 상기시켜라. 나와 상대가 같은 목표를 향해 나아가고 있으며, 단지 다른 점이 있다면 그것은 목적이 아니라 방법이라는 사실을 계속 강조하라.

상대로 하여금 처음부터 "네"라고 말하게 하라. "아니요"라는 말을 가능한 한 듣지 않도록 유의하라. 상대가 일단 "아니요"라고 말해버리면 자존심 때문에 그 말을 계속 고집할 수밖에 없다. 그렇기 때문에 긍정적인 방향으로 시작하도록 대화를 이끄는 것이 특히 중요하다.

Idea Note

Action Note

# 모든 사람에게 배울 점이 있다

내가 만나는 모든 사람은 어떤 점에서 나보다 앞서 있다.
그 점을 나는 그들에게서 배워야 한다.
– 랠프 월도 에머슨

거의 모든 사람은 누구나 자신이 타인보다 어떤 점에서 뛰어나다고 생각한다. 따라서 상대의 마음을 확실하게 사로잡는 방법은 상대의 뛰어난 점을 인정하고 이를 언급하면서 그의 중요성을 알고 있음을 보여주는 것이다.

Idea Note

Action Note

# 066

# 논쟁에서 이기는 방법은
# 논쟁을 피하는 것이다

논쟁에서 이기는 최선의 방법은 오직 한 가지, 논쟁을 피하는 것이다. 논쟁은 십중팔구 참가자들 자신의 의견이 절대적으로 옳다고 더욱 확신하는 것으로 끝난다.

우리는 논쟁에서 이길 수 없다. 논쟁에서 지면 그대로 패배한 것이고, 설령 이긴다고 해도 결과는 마찬가지다. 왜 그럴까? 논쟁에서 이기는 순간 상대에게 열등감을 느끼게 하고, 그의 자존심을 구겨버릴 수 있기 때문이다. 그는 나의 승리를 혐오할 것이다. 그러니 방울뱀이나 지진을 피하는 것처럼 논쟁적인 토론을 피하도록 하라.

Date        .        .

Idea Note

Action Note

# 스스로 발견하도록 이끌어라

우리는 남을 가르칠 수 없고 단지 그가 스스로 발견하도록 도와
줄 수 있을 뿐이다.

– 갈릴레오 갈릴레이

"당신이 틀렸다"라고 상대에게 말한다면 그들은 과연 나에게
동의하겠는가? 천만의 말씀이다. 가장 부드러운 분위기 속에서
라도 상대의 마음을 바꾸기는 상당히 어려운 일이다. 그런데 왜
굳이 일을 더 어렵게 만드는가? 만약 무언가를 증명해야 할 필
요가 있다면 상대가 전혀 눈치채지 못하게 하라. 아주 교묘하면
서도 재치 있게 말이다.

Idea Note

Action Note

# 068

## 누구도 반대하지 않는 한마디를 말하라

내가 아는 것은 오직 한 가지, 나는 아무것도 모른다는 사실이다.
– 소크라테스

소크라테스보다 내가 낫다고 생각하지 않는다면, 다른 사람의
주장에 정면으로 반박하지 않는 편이 현명하다.
어떤 사람이 내 생각이 틀렸다고 말하더라도, 또 실제로는 그가
틀린 것이더라도 "글쎄요. 저는 그렇게 생각하지 않지만 제 생
각이 틀렸을지도 모르겠군요. 종종 그러니까요. 이 문제를 다시
한번 검토해 보겠습니다"라고 말하라. 이 말에는 마력이 있다.
어느 누구도 이 말에 반대하고 나서지 않을 것이다.

Idea Note

Action Note

# 069

## 자기 잘못을 먼저 인정하라

만일 내게 잘못이 있다면 먼저 스스로를 비난하는 편이 낫다. 다른 사람에게 비난을 듣느니 내면의 자기비판 목소리에 귀를 기울이는 게 훨씬 쉽다.

자신이 잘못했다는 사실을 알게 되었을 때, 상대가 할 말을 내가 먼저 하라. 그렇게 하면 상대는 할 말이 없어진다. 십중팔구 상대는 관대해지고 이쪽의 잘못을 용서하는 태도로 나올 것이다.

자신의 실수를 인정하는 용기는 다소간의 만족감을 주기도 한다. 잘못을 스스로 인정하면 방어적인 마음이 사라질 뿐만 아니라 문제를 해결하는 데 도움이 된다.

Idea Note

Action Note

# 단정적인 말투를 바꾸자 인생이 달라졌다

벤저민 프랭클린

청년 시절, 옛 친구가 찾아와 나를 호되게 비난한 적이 있다. "벤저민, 자넨 틀렸어. 자네의 생각과 의견은 다른 사람에게 모욕을 줘. 너무 공격적으로 말해서 자네를 좋아하는 사람은 아무도 없어. 자네 친구들은 자네가 없는 자리를 훨씬 더 재미있어하더군. 자네가 너무 유식한 척해서 아무도 자네와 말하려고 하지 않네. 대화를 나눠보려고 해봤자 마음만 불편하고 힘들기 때문일세. 그러니 자네는 지금 알고 있는 얄팍은 지식 외에는 더 이상 발전할 수 없을걸세."

나는 거만하고도 독선적인 태도를 당장 바꾸기로 했다. 남의 의견을 정면에서 반대하거나 나의 의견을 단정적으로 말하지 않았다. 심지어 '확실히'나 '의심할 바 없이' 같은 단정적인 표현은 모두 쓰지 않았다. 그 대신에 '~라고 생각합니다' '~인 것 같습니다' '현재로서는 이렇게 생각합니다' 같은 말을 쓰기 시작했다. 나는 누군가 잘못된 주장을 하더라도 그의 잘못을 퉁명스럽게 지적하지 않았다. 그의 제안이 엉터리라는 사실을 그 자리에서 당장 밝히는 일도 삼갔다. 그 대신 나는 그의 생각이 어떤 경우에는 옳을지도 모르지만 현재 내 생각과는 조금 다르다고 대답했다. 얼마 지나지 않아 나는 이 같은 태도의 변화가 많은 이익을 준다는 사실을 알았다.

예를 들면 대화가 더욱 즐거워졌다. 내 의견을 제시할 때에도 조심스럽게 말을 꺼내면 상대에게 더욱 적극적인 반응을 얻어 낼 수 있었다. 비난도 훨씬 적어졌다. 내가 틀렸다는 말을 들어도 예전보다 덜 억울했고, 내 생각이 옳을 때는 다른 사람을 원만하게 설득하여 그들이 스스로 잘못을 뉘우치곤 했다.

처음에는 성격을 죽여가면서 취했던 이런 태도가 곧 익숙해졌다. 아마 50년 동안 독선적인 말을 한 적이 없었던 것 같다. 이런 습관을 들이자 새로운 제도나 개정안을 제시할 때 여러 시민을 염두에 둘 수 있었다. 아울러 위원회의 일원으로서 많은 영향을 미칠 수 있었다. 더 나아가 나는 말이 어눌하고 유창하지 않을 뿐만 아니라 용어도 부정확하게 사용하고, 단어를 선택할 때도 대단히 망설이는데도 사람들이 내 말에 귀를 기울여주는 만큼 내 의견을 대체로 잘 전달할 수 있었다.

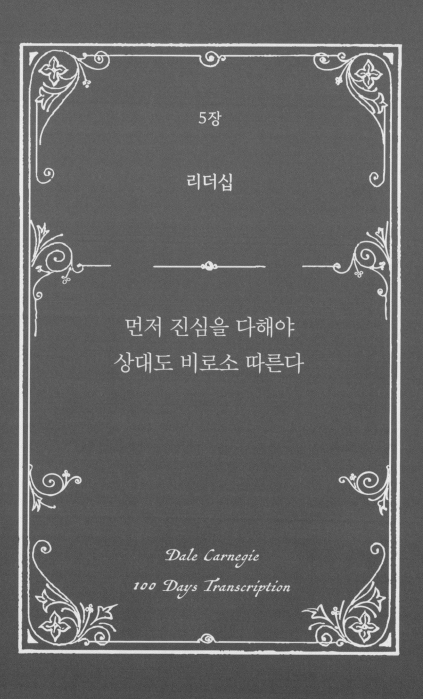

5장

리더십

먼저 진심을 다해야
상대도 비로소 따른다

*Dale Carnegie*
*100 Days Transcription*

*How to Win Friends & Influence People*

*How to Stop Worrying and Start Living*

*Public Speaking and Influencing Men in Business*

수없이 많은 조직을 성공으로 이끈 리더들을 길러낸 데일 카네기의 리더십 노하우는 무엇인가? 리더가 모범을 보이는 것이다. 미소 짓고 인사하고 대화하고 칭찬하고 감사하면서, 비난과 비판 그리고 불평을 하지 않는 것을 솔선수범하여 실천해야 한다.

'데일카네기트레이닝'을 국내에 도입한 지 30년이 넘었다. 그동안 삼성, 현대, LG, SK, 이랜드 등 많은 그룹과 기업이 데일 카네기의 인간경영을 도입하여 성과를 창출했다.

데일 카네기의 리더십을 평소 꾸준히 실천하면서 사업을 일으킨 리더들도 있다. 바인그룹의 김영철 회장은 항상 새벽에 일어나 직원을 위해서 1시간 동안 기도를 한다. 김 회장의 좌우명은 '직원들을 행복하게 하자'다. 삼구개발의 구자관 회장은 직원 2명으로 시작한 회사를 연매출 2조 7000억원의 기업으로 키웠다. 구 회장의 비결은 항상 모든 직원에게 90도로 먼저 인사하는 것이다. "여사님, 이 추위에 얼마나 수고가 많으십니까?"라고 따듯한 한마디를 건네면서 말이다.

# 070

# 상대가 원하는 것을 말해야
# 그를 움직일 수 있다

우리는 왜 자신이 원하는 것에 관해서만 이야기하는가? 그것은 어린아이의 장난처럼 유치한 짓이다. 누군가에게 어떤 일을 시키려고 한다면 세상 사람 모두 자기가 원하는 것에만 관심을 갖고 있다는 사실을 잊지 마라. 다른 사람을 움직일 수 있는 유일한 방법은 그들이 원하는 것에 관해 이야기하고, 어떻게 하면 그것을 얻을 수 있는지 보여주는 것이다. 이것을 잊어버리면 사람을 움직일 수 없다.

Date    .    .

Idea Note

Action Note

# 스스로 한 생각이라고 여기게 하라

상대의 협력을 얻어내고 싶다면 그 자신의 생각이라고 느끼게 하라. 사람은 타인에 의해 강요된 의견보다 스스로 생각해 낸 의견을 더 신뢰한다. 그러니 자신의 의견을 억지로 다른 사람에게 강요하는 것은 그릇된 판단이다.

억지로 뭔가를 사거나 누가 시킨 일을 하는 것을 좋아하는 사람은 없다. 사람들은 자신의 뜻에 따라 물건을 사고 자기 생각에 따라 행동한다고 느끼기를 더 좋아한다. 제안을 통해 상대방에게 스스로 생각하고 결론을 내리게 하는 것이 현명한 방법이다.

Idea Note

Action Note

# 072

# 마음을 뒤흔드는 갈증을 충족시켜라

인간성에 있어서 가장 심오한 원칙은 다른 사람으로부터 인정받
고자 하는 갈망이다.

– 윌리엄 제임스

이것이야말로 인간의 마음을 뒤흔들어 놓는 본능적인 갈증이
다. 이러한 타인의 갈증을 제대로 충족시켜 줄 수 있는 사람은
극히 드물지만, 그 사람이야말로 다른 사람들에게 커다란 영향
을 줄 수 있다.

Idea Note

Action Note

## 073

# 동의는 진심으로, 칭찬은 아낌없이 하라

채찍 대신 당근을, 비난 대신 칭찬을 왜 하지 않는가? 조그만 진전이라도 보이면 반드시 칭찬하라. 그것은 상대방을 분발하도록 하여 그를 더욱 발전시킨다.

사람은 누구나 칭찬받기를 좋아한다. 구체적인 칭찬은 진지하게 가슴에 와닿는 법이며, 상대도 그저 기분 좋아지라고 한 소리가 아님을 느낄 수 있다.

Idea Note

Action Note

# 074

# 칭찬이라는 마취제를 먼저 놓아라

칭찬으로 말을 시작하는 것은 치과의사가 마취를 먼저 한 다음 치료를 시작하는 것과 같다. 환자는 이를 뽑히지만 마취제가 아픔을 억제해 준다. 리더는 그런 방법으로 사람을 다뤄야 한다. 칭찬과 감사의 말로 시작하라. 사람은 칭찬받은 다음이라면 약간의 잔소리를 들어도 그다지 기분 나빠하지 않는다.

Idea Note

Action Note

# 세 글자만 바꾸면 미움을 사지 않고
# 잘못을 바로잡는다

세 글자로 된 '이 단어'를 어떻게 쓰느냐에 따라 상대의 기분을 상하게 할 수도 있고, 마음을 다잡고 행동을 바꾸게 만들 수도 있다.

많은 사람이 처음에는 칭찬을 하다가 '그러나'라는 단어와 함께 비난으로 끝을 맺는다. 이는 칭찬의 진정성을 의심하게 만든다. '그러나'를 '그리고'로 바꾸어 말해보자. 무엇을 잘못했는지와 앞으로 바뀌길 바라는 행동을 간접적으로 암시하면서 다른 사람의 실수를 효과적으로 바로잡을 수 있다.

Idea Note

Action Note

076

# 싸움보다 양보가 더 많은 것을 얻을 수 있다

싸움을 해서는 원하는 바를 충분히 얻을 수 없다. 그러나 양보 한다면 기대한 것 이상을 얻을 수 있다.

자신이 옳다고 주장하느라 대립을 지속하면 싸움이 될 뿐이다. 자신의 잘못 혹은 실수였다고 빨리 그리고 기꺼이 인정하자. 이 방법은 놀랄 만한 결과를 가져올 뿐만 아니라 자신을 방어하려 고 애쓰는 것보다 훨씬 재미있다.

Idea Note

Action Note

# 077

# 지적하고 싶다면
# 자신의 실수를 먼저 인정하라

당신이 잘나서 오늘날의 당신이 된 것이 아니다. 당신에게 화를 내고 고집불통이며 비이성적인 사람들 또한 그렇게 된 데는 충분한 이유가 있다는 것을 명심하라.

야단치기 전에 자신의 실수를 먼저 말하라. 야단을 치는 쪽이 먼저 자신 또한 완벽한 사람이 아니라는 점을 겸손하게 인정하라. 그다음 실수를 지적하면 듣는 입장에서도 별로 거북하지 않을 것이다.

Idea Note

Action Note

# 진심을 전해 최고의 가능성을 계발하라

사람들에게 그들 최고의 가능성을 계발하게 하는 방법은 진심으로 찬사를 보내고 아낌없이 칭찬하는 것이다. 상사로부터 꾸지람을 듣는 것만큼 인간의 향상심을 해치는 것은 없다. 나는 결코 누구도 비판하지 않는다. 대신 사람들에게 일을 하도록 동기를 부여해야 한다고 믿는다. 될 수 있으면 칭찬하려고 노력하고 결점을 들추어내는 것을 싫어한다.

– 찰스 슈왑(찰스슈왑 코퍼레이션 회장)

보통 사람들은 정확히 그 반대로 한다. 어떤 일이 마음에 들지 않으면 부하를 묵사발이 되도록 몰아세우지만 마음에 들면 아무 반응도 하지 않는다.

철강왕 앤드루 카네기 또한 자신의 직원에게 공석에서뿐만 아니라 개인적으로도 칭찬을 아끼지 않았다. 카네기가 그토록 큰 성공을 할 수 있었던 이유다.

Date   .   .

Idea Note

Action Note

# 079

# 직접적인 명령 대신
# 질문이나 요청을 하라

아무도 명령받기를 좋아하지 않는다. 함부로 내리는 명령으로 생겨난 불쾌감은 굉장히 오래 지속된다. 분명히 나쁜 상태를 바로잡기 위해 내린 명령일지라도 말이다.

능률적인 지도자라면 직접적으로 명령하지 않고 질문하거나 요청한다. 질문은 지시를 보다 부드럽게 만들어줄 뿐 아니라 창의력을 자극하기도 한다. 사람들은 명령을 내리는 결정에 본인이 참여하면 그 명령을 쉽게 받아들인다.

잘못도 자연스럽게 고칠 수 있다. 상대방의 자존심을 세워주고 자기가 중요한 사람이라고 느끼게 하며 반감 대신 협조를 불러일으킨다.

Idea Note

Action Note

# 상대방의 체면을 세워주어라

사람의 체면을 세워주는 일이야말로 더할 나위 없이 중요하다. 대부분 자기주장만 내세우며 상대의 감정을 짓밟고 다른 사람 앞에서 아랫사람, 직원이나 어린이를 윽박지르고 꾸짖는다. 설령 내가 옳고 상대가 분명히 잘못했다 하더라도 그 사람의 체면을 잃게 하면 곧 자존심에 상처를 준다.

상대의 입장을 진실되게 이해하는 것은 잠깐만 시간을 들이면 충분히 할 수 있다. 조금만 더 생각해서 건네는 사려 깊은 한두 마디의 말은 상황을 크게 바꾸어놓는다.

Idea Note

Action Note

# 081

## 격려의 햇볕은 능력을 찬란히 꽃피운다

칭찬은 인간의 정신에 비추는 따뜻한 햇볕과도 같다. 우리는 칭찬 없이는 자랄 수도 꽃을 피울 수도 없다. 그런데도 대부분은 다른 사람에게 걸핏하면 비난이란 찬바람을 퍼붓기 일쑤다. 어째선지 우리는 함께 살아가는 사람들에게 칭찬이라는 따뜻한 햇볕을 주는 데 인색하다.

– 제스 레어(심리학자)

지나온 삶을 돌이켜 보면 몇 마디 칭찬이 나의 인생을 완전히 바꾸어놓았다. 자신의 인생을 되짚으며 이런 순간을 떠올려 보아라. 역사는 칭찬으로 발생한 수많은 마술 같은 일을 우리에게 보여준다. 능력은 비난 속에서 시들지만, 격려 속에서 찬란히 꽃을 피우는 법이다.

Idea Note

Action Note

# 082

# 장점과 명성을 상대에게 쥐여주어라

만일 그대가 지닌 장점이 없더라도 장점을 가진 것처럼 생각하라.
- 셰익스피어

일을 형편없이 하는 사람이 있다면 어떻게 할 것인가? 해고할 수도 있지만 그것으로 문제가 전부 해결되지는 않는다. 야단칠 수도 있지만 반감만 불러일으킬 뿐이다.

누군가의 특정한 일면을 개선하고자 한다면 그 점을 그의 장점인 것처럼 이야기하라. 계발해 주고 싶은 장점이 있다고 가정하고 그에 대해 자주 말해주어라. 그들이 좋은 평판을 받게 하라. 그러면 그들은 당신을 실망시키지 않으려고 온갖 노력을 다할 것이다.

Idea Note

Action Note

# 재능의 씨를 심고 의욕의 싹을 틔워라

자녀나 배우자나 직원에게 재능이 없다거나, 모든 일을 잘못하고 있다고 말해보라. 이는 곧 잘해보려는 마음의 싹을 모조리 잘라버리는 짓이다.

이와 반대로 말해주어라. 즉 맡긴 일을 쉽게 해낼 수 있을 거라고 생각하게 하고, 상대의 능력을 믿고 있음을 알려주라. 그 일에 대해 아직 계발되지 않은 잠재력을 지니고 있다고 말하라. 그러면 상대방은 자신의 우수함을 보여주기 위해 의욕을 갖고 성공할 때까지 꾸준히 해낼 것이다.

Date . .

Idea Note

Action Note

# 084

# 나의 제안을
# 상대가 기꺼이 실행하도록 만들어라

다른 사람의 행동이나 태도를 바꾸고 싶다면, 자신의 이익은 일단 잊어버리고 다른 사람이 얻을 이익에 집중하라.

내가 제안하는 일을 상대가 함으로써 그에게 어떤 이익이 돌아갈지 생각하라. 그러한 이익을 상대의 소망과 일치시켜라. 내가 요구하는 일을 하면 그에게 돌아갈 이익을 암시하라.

이를 지키면 사람들은 내가 바라는 일을 기꺼이 해줄 것이다.

Idea Note

Action Note

# 우호적인 설득으로 증오의 파도를 잠재우다

**존 데이비슨 록펠러 2세**

✦

1915년 당시 나는 콜로라도주에서 그 누구보다도 가장 미움 받던 사람이었다. 미국의 산업 역사상 가장 끔찍한 파업 사태가 2년 동안 콜로라도주를 강타했다. 성난 광부들이 내 소유의 석유와 강철 회사에 임금 인상을 요구했다. 회사 기물이 파괴되고 군대까지 동원되었다. 서로에 대한 증오가 하늘을 찔렀다. 나는 집회에 참석한 여러 광부 대표들 앞으로 나가 그들을 설득하기 위한 연설을 했다.

"오늘은 제 인생에서 매우 특별한 날입니다. 이 훌륭한 회사의 임직원과 근로자의 대표를 만나게 되어 영광이며, 이 자리에 설 수 있어 자랑스럽습니다. 저는 오늘의 만남을 영원히 기억할 것입니다.

만일 2주 전에 이렇게 모였더라면 저는 여러분 중 몇 사람의 얼굴만 알아보며 대부분의 분들을 낯설게 여겼을 것입니다. 지난 일주일간 저는 남부 탄광촌을 모두 방문하여 그 자리에 없던 몇몇 분을 제외하고는 거의 모든 근로자 대표와 대화를 나누었습니다. 여러분의 가정을 방문하여 가족분도 만나볼 기회가 있었습니다. 덕분에 오늘 우리는 서로 낯선 사람이 아닌 친구로서 만나게 됐습니다. 또한 제게 여러분과 더불어 우리의 공동 이익에 대해 의논할 기회가 생겼음을 기쁘게 생각합니다. 이 역시 우리가 우호적인 관계가 된 덕분이겠지요.

이 자리는 회사의 직원과 근로자 대표의 모임이기 때문에 제가 여기에 서 있는 것은 오로지 여러분 덕분입니다. 불행하게도 저는 여러분 중 어느 한 편에도 끼지 못하지만 어떻게 보면 저는 여러분 모두와 매우 친밀한 관계를 맺고 있다고 생각합니다. 그것은 제가 주주와 이사회의 대표이기 때문입니다."

이 연설은 매우 우호적인 방법으로 사실을 말한 덕분에 그 자리를 집어삼킬 듯했던 증오의 파도를 가라앉힐 수 있었다. 파업하던 광부들은 그토록 격렬하게 싸웠던 임금 인상 문제에 대해 단 한 마디도 하지 않은 채 일터로 되돌아갔다.

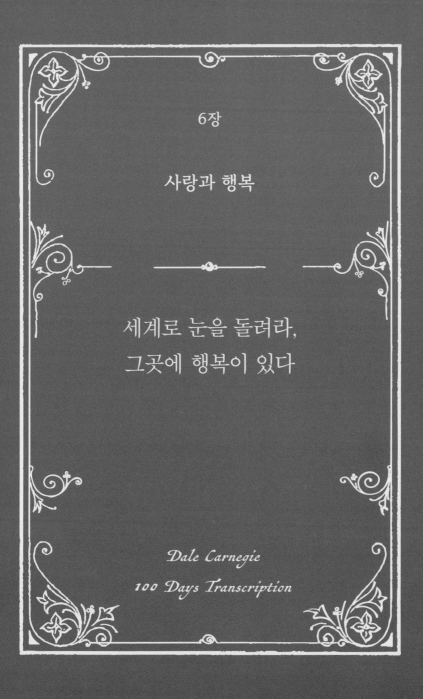

6장

사랑과 행복

세계로 눈을 돌려라,
그곳에 행복이 있다

*Dale Carnegie*
*100 Days Transcription*

*How to Win Friends & Influence People*

*How to Stop Worrying and Start Living*

*Public Speaking and Influencing Men in Business*

많은 사람이 바쁜 일상에 쫓기느라 삶에서 진짜 중요한 것이 무엇인지 잊곤 한다. 자신만의 행복을 찾아내는 방법에 관해 데일 카네기는 이렇게 조언했다.

"초원에 흐르는 음악이나 웅장하게 울리는 숲의 교향악에 귀를 기울일 수 없을 정도로 급하게 살지는 마라. 이 세상에는 부보다 훨씬 더 소중한 것들이 있다. 그중 하나가 사소한 것을 즐길 줄 아는 능력이다."

데일 카네기의 말을 되새기며 나 자신의 행복을 이렇게 되찾았다. 주말에 시간이 날 때면 나는 산으로 간다. '산에서 살아있는 책을 본다'라는 의미로 '산책'을 한다. 천천히 '산책'을 하다 보면 가슴이 열리고 행복한 마음이 들기 시작한다. '아, 이게 행복이구나' 하고 마음속에서 진정으로 우러나오는 행복을 만끽하며 열정으로 충만해진다. 그러면 저절로 다음과 같이 말하게 된다. "감사합니다. 또 감사합니다." 데일 카네기의 문장을 읽으며 행복을 찾는 방법을 배우고 그것에 감사하는 마음을 되새겨보자.

# 085

# 매일 아침 반가운 일을 생각하라

행복이란 사람의 지위나 재산과는 관계가 없다. 전적으로 자신
의 생각 하나로 사람은 행복해지기도 하고, 불행해지기도 한다.
그러니 매일 자신에게 반가운 일을 생각하며 하루를 시작하라.
사람의 미래는 자신이 현재 생각하고 있는 일에 크게 좌우된다.
그러므로 희망과 자신, 사랑과 성공의 일만 생각하라.

Idea Note

Action Note

# 오늘만은 행복하게 지내라

오늘만은 행복하게 지내리라.

오늘만은 세상에 나를 맞추지 않겠다.

오늘만은 내 몸을 돌보리라.

오늘만은 마음을 굳게 가지고 무엇이든 배우리라.

오늘만은 남모르게 유익한 일을 해보겠다.

오늘만은 유쾌하게 지내리라.

오늘만은 오늘 하루에 충실해서 살으리라.

오늘만은 매시간 해야 할 일을 적어보리라.

오늘만은 반 시간이라도 혼자 조용히 휴식하리라.

오늘만은 두려워하지 않으리라. 행복해지는 것을 두려워하지 않고, 사랑하는 것을 겁내지 않고, 내가 사랑하는 이들 또한 나를 사랑하리라 믿으리라.

Idea Note

Action Note

# 087

# 감사의 불꽃은 장밋빛 횃불이 되어
# 길을 비춘다

매일의 생활 속에서 조금이라도 우호적인 감사의 자취를 남기도록 하자. 그러면 다음에 그곳을 지나칠 때 그 조그마한 우정의 불꽃이 장밋빛 횃불이 되어 길을 비춰주는 것을 보고 깜짝 놀랄 것이다.

Date      .      .

Idea Note

Action Note

# 두 번 다시 하지 못할 친절을
# 지금 베풀라

나는 두 번 다시 이 길을 통과하지 않는다. 때문에 내가 베풀 수 있는 선행, 내가 나타낼 수 있는 친절을 지금 실천하자.
주저하거나 게을러서는 안 된다. 나는 이 길을 두 번 다시 걷게 되지는 않으니까.

– 시어도어 드라이저(소설가)


짧은 인생에서 기쁨을 찾으려거든 자기보다도 타인에게 기쁨을 주는 일을 생각하고 또 계획해야 한다. 왜냐하면 나의 기쁨이 그들 속에 있고, 그들의 기쁨은 나 자신에게 이어져 있기 때문이다. 남을 기쁘게 하기 위해 노력할 생각이라면 지금 즉시 시작하라. 시간은 빨리 지나간다. 시기를 놓치면 하고 싶어도 기쁨을 전하고 싶은 상대에게 제때 닿지 못한다.

Idea Note

Action Note

## 089

## 숲속의 교향악에 귀 기울여라

초원에 흐르는 음악이나 웅장하게 울리는 숲속의 교향악에 귀
를 기울일 수 없을 정도로 바쁘고 급하게 살지는 마라.
이 세상에는 부보다 훨씬 더 소중한 것들이 있다. 그중 하나는
사소한 것을 즐길 줄 아는 능력이다.

Idea Note

Action Note

# 090

# 행복한 마비 상태는
# 몰두의 순간에 찾아온다

온갖 즐거운 행복감이나 깊은 내면의 평화, 행복한 마비 상태는 정해진 일에 몰두할 때 찾아온다. 몰두할 때 신경이 진정되니까 말이다.

– 존 쿠퍼 포이스(시인, 소설가)

도서관과 실험실에 있는 사람은 걱정할 여유가 없다. 연구에 전념하느라 신경쇠약에 걸릴 시간이 없기 때문이다. 그래서 도서관과 실험실에서 평화를 찾을 수 있는 것이다. 이처럼 자신의 일에 깊게 몰두하는 순간에 다른 감각이 마비된 듯 마음이 고요해지는 행복이 찾아온다.

Idea Note

Action Note

# 남이 은혜 갚기를 기다리지 마라

행복해지고 싶다면 남이 은혜 갚기를 기다리거나 남에게 은혜를 모르는 사람이라는 말을 하지 말고, 남을 도와주는 즐거움만 보람으로 삼도록 하자.

사람들이 은혜를 모른다고 고민하지 마라. 예수는 열 명의 나병 환자를 고치고 오직 한 명의 환자에게서만 감사의 말을 들었다. 우리가 예수 이상으로 그것을 기대할 수 있겠는가? 감사를 기대하지 않을 때 참된 행복을 발견할 수 있다.

Idea Note

Action Note

## 092

# 대가를 바라지 않는 선행이 곧 행복이다

만약 남에게 대가를 바라지 않고 조그만 행복을 나누고자 정직한 칭찬을 전달하는 것조차 못한다면, 그 사람의 영혼은 시디신 사과 한 쪽보다도 크지 않다는 뜻이다. 그런 사람이라면 불행을 당하는 것이 마땅하다.

보상을 받지 않고 무언가 좋은 일을 상대에게 베풀었다는 사실은, 그 일이 지나간 후에도 오랫동안 좋은 기억으로 남아 있다.

Idea Note

Action Note

# 093

# 매일 만나는 이웃에게 작은 질문을 건네라

아무리 평범한 일상일지라도 매일 누군가를 만날 것이다. 그들에게 어떤 태도를 취하고 있는가? 무심코 바라볼 뿐인가? 아니면 관심을 가지고 대하는가?

매일 집집마다 우편물을 배달하는 기사를 생각해 보라. 한 번이라도 그가 어디에 사는지, 피곤하진 않은지, 일이 지루하지는 않은지 물어본 적이 있는가? 대단히 극적인 행동을 하라는 것이 아니다. 당장 내일 아침 마주치는 사람에게 간단한 안부를 묻는 것부터 시작하면 충분하다.

그러면 당신에게 어떤 보상이 돌아오는지 아는가? 깜짝 놀랄 정도로 큰 행복과 만족 그리고 자부심을 얻을 것이다.

Idea Note

Action Note

# 인생의 험로에서 충격을 흡수하라

초기에 자동차의 타이어는 도로의 충격에 저항하는 재질로 만들어졌다. 그랬더니 강한 마찰력으로 얼마 가지 않아 헝겊처럼 해지고 말았다. 그래서 충격을 흡수하는 타이어를 개발하여 충격을 무마하고 내구도를 개선하였다.

인생에서 충격을 흡수하지 않고 저항하면 어떤 일이 일어날까? 답은 간단하다. 끝없이 고민하고 긴장한 나머지 신경쇠약에 걸리고 말 것이다. 반면 인생의 험로에서도 심한 충격을 흡수하는 법을 배운다면 행복한 여행을 즐길 수 있다.

어쩔 수 없을 때는 그 상황을 받아들여라. 그러고 나면 그 상황에 적응하여 충격도 곧 망각하게 될 것이다.

Idea Note

Action Note

# 095

# 마음의 태도에 평화와 기쁨이 달려 있다

마음은 그 자신의 터전이니라. 그 안에서 지옥을 천국으로, 천국을 지옥으로 만들 수 있나니.
– 존 밀턴

삶에서 얻을 수 있는 마음의 평화와 기쁨은 무엇에 좌우되는가? 우리가 어디에 있으며, 무엇을 얼마나 갖고 있느냐에 달린 것이 아니다. 우리 마음의 태도에 달려 있다고 나는 확신한다. 외부 조건과는 관계가 없다.

Idea Note

Action Note

# 인간에게 행복을 주는 것은
# 그 자신밖에 없다

정치적 승리, 땅값의 폭등, 병자의 회복, 오래 떠나 있던 친구의 귀환 등 외부적 사건은 인간의 정신을 고양시킨다. 행복한 미래가 준비되어 있다고 생각하게 한다. 그러나 그런 일은 결코 없는 법이다. 참으로 인간에게 평화를 주는 것은 자기 자신밖에 없기 때문이다.

- 랠프 월도 에머슨

아무리 물려받은 재산이 많아도 자신의 처지에 불평불만뿐이라면 인생에 불행의 그림자가 드리워질 것이다.

단지 마음먹기에 따라 가엽고도 불행한 처지에서 주변의 존경과 사랑을 받는 사람으로 변할 수 있다. 우선 쾌활한 마음가짐을 갖추고, 자기 자신에게만 기울이던 애정을 다른 사람에게도 나누어주어라.

Idea Note

Action Note

# 097

# 천국과 지옥은 마음속에 있다

환경만으로 인간의 행복과 불행이 결정되지는 않는다.
'천국은 마음속에 있다'라는 것은 그리스도의 말씀인데, 지옥
또한 마찬가지다. 행복이니 불행이니 하는 느낌은 이러한 환경
을 어떻게 받아들이느냐에 따라 결정된다.

Idea Note

Action Note

# 원수를 증오하려 불을 지피지 마라

너의 원수 때문에 난롯불을 뜨겁게 지피지 마라.
오히려 그 불이 너 자신을 태우리라.

– 셰익스피어


우리의 적은 우리가 그들을 증오하느라 피곤해지고 인상이 험해지고 병에 걸려 생명까지 위태로워지고 있다는 사실을 알면 얼마나 기뻐할까?
원수를 사랑할 수는 없어도 자기 자신을 사랑할 수는 있지 않은가. 적에게 우리의 행복, 건강, 용모의 지배권을 내주지 않을 만큼 자기 자신을 사랑해야 한다.

Idea Note

Action Note

# 099

# 용서하고 잊음으로써 현명해져라

도둑맞거나 모욕당함은 그것을 잊어버리는 한 아무것도 아니다.
– 공자

우리는 원수를 사랑할 만큼 성자는 아닐지 모른다. 그러나 적어도 자신의 건강과 행복을 위해 원수를 용서하고 잊어버려라. 그것이 바로 현명함이다.

Idea Note

Action Note

# 창밖의 세계에 시선을 두어라

잠깐 일손을 쉬고 창밖의 아름다움을 구경해 보자.

거기에는 세계가 있다.

오늘 밤에는 밖으로 나가 하늘의 별들을 바라보자.

그곳에는 대자연의 경이가 있다.

Idea Note

Action Note

# 두 다리를 잃고도 미소를 잃지 않은 이유

벤 포스튼 (조지아주 국무 담당관)

✢

평범한 어느 날이었다. 정원의 호두나무를 베고 나무토막을 자동차에 싣고서 집으로 돌아오는 길이었다. 갑자기 나무토막 하나가 차에서 떨어졌다. 급하게 핸들을 돌렸으나 차가 말을 듣지 않아 제방 밑으로 굴러떨어졌다. 나는 나무에 부딪히면서 척추를 다쳐 다리를 못 쓰게 되었다. 이때 내 나이가 스물넷이었는데, 그 후로는 한 발짝도 걸을 수가 없었다.

일생을 휠체어에서만 보내야만 할 운명에 처하고 한동안은 반항적인 자세로 운명을 저주했다. 그러나 시간이 지나면서 그런 반항은 단지 나를 괴롭힐 뿐임을 깨달았다. 모두가 나를 배려해 준다는 사실을 깨달았고, 나도 사람들에게 친절을 베풀고자 했다. 오랜 세월이 지난 지금에 와서는 그때의 사고를 더 이상 끔찍한 불행으로 여기지 않는다. 오히려 즐겁게 생각하면서 언제든 쾌활한 미소를 짓고 다닌다.

사고의 충격을 회복하고 회한에서 벗어나면서 내 인생의 새로운 막이 열렸다. 문학에 취미를 붙여 14년 동안 1400권의 책을 독파했다. 독서는 내가 세상을 보는 시야를 넓혀 주었다. 전에는 꿈꿔보지도 못한 풍부한 일상을 누릴 수 있었다. 음악에도 소양이 생겨 예전에는 지겹기만 했던 교향곡을 이제는 감동을 느끼며 감상하게 되었다.

　무엇보다도 큰 변화는 세상에 대해 생각할 시간이 생긴 것이다. 난생처음 나는 이 세상을 직시할 수 있었다. 옛날에 얻으려했던 물질적인 것은 대부분 무가치함을 알게 되었다. 부지런히 독서한 결과 정치에도 흥미가 생겨서 공공 문제를 연구했다. 휠체어를 탄 채 유세를 다니며 많은 이를 만났고 여러 사람이 나를 알게 되었다. 그 끝에 나는 조지아주 국무 담당관이 되었다.

# 데일 카네기 100일 필사

**초판 1쇄 인쇄** 2025년 1월  9일
**초판 1쇄 발행** 2025년 1월 22일

**지은이** 데일 카네기
**엮은이** 최염순
**펴낸이** 김선식

**부사장** 김은영
**콘텐츠사업2본부장** 박현미
**책임편집** 최현서 **디자인** 마가림 **책임마케터** 박태준
**콘텐츠사업5팀장** 김현아 **콘텐츠사업5팀** 마가림, 남궁은, 최현지, 여소연
**마케팅1팀** 박태준, 권오권, 오서영, 문서희
**미디어홍보본부장** 정명찬 **브랜드홍보팀** 오수미, 서가을, 김은지, 이소영, 박장미, 박주현
**채널홍보팀** 김민정, 정세림, 고나연, 변승주, 홍수경
**영상홍보팀** 이수인, 염아라, 석찬미, 김혜원, 이지연
**편집관리팀** 조세현, 김호주, 백설희 **저작권팀** 성민경, 이슬, 윤제희
**재무관리팀** 하미선, 임혜정, 이슬기, 김주영, 오지수
**인사총무팀** 강미숙, 이정환, 김혜진, 황종원
**제작관리팀** 이소현, 김소영, 김진경, 최완규, 이지우
**물류관리팀** 김형기, 김선진, 주정훈, 양문현, 채원석, 박재연, 이준희, 이민운

**펴낸곳** 다산북스 **출판등록** 2005년 12월 23일 제313-2005-00277호
**주소** 경기도 파주시 회동길 490 다산북스 파주사옥
**전화** 02-704-1724 **팩스** 02-703-2219 **이메일** dasanbooks@dasanbooks.com
**홈페이지** www.dasan.group **블로그** blog.naver.com/dasan_books
**용지** 스마일몬스터 **인쇄** 한국학술정보 **코팅·후가공** 제이오엘엔피 **제본** 국일문화사

ISBN 979-11-306-8844-2 (03190)

다산북스(DASANBOOKS)는 책에 관한 독자 여러분의 아이디어와 원고를 기쁜 마음으로 기다리고 있습니다.
출간을 원하는 분은 다산북스 홈페이지 '원고 투고' 항목에 출간 기획서와 원고 샘플 등을 보내주세요.
미뭇거리지 말고 문을 두드리세요.